JN175796

中国・東南アジアにおける流通・マーケティング革新

—内なるグローバリゼーションのもとでの市場と競争—

渡辺達朗　編著

専修大学商学研究所叢書 14

東京　白桃書房　神田

序　文

商学研究所叢書刊行にあたって

専修大学商学研究所では，創立35周年記念事業の一環として，2001（平成13）年から「商学研究所叢書」を公刊している。当時に比べれば，日本と東南アジア諸国との経済的関係はより密接になり，政治・経済・社会・文化など，多様な生活側面で大きな影響を及ぼし合う関係になっている。ASEANでは，域内自由貿易圏が構想され，社会・文化・宗教・民族の多様性を保持しながら経済的統合が進められている。

こうした背景のもと，「商学研究所叢書」第14巻にあたる本書は，経済発展が著しい中国・東南アジアにおける流通・マーケティングの革新に関する研究をまとめたものである。

この研究は，学内外の研究者と実務家によるプロジェクト・チームとして，2011年度から2013年度にかけて実施されたものである。急速な変化を遂げる東南アジア諸国で，3年間をかけて調査・研究することは容易ではない。とりわけ，政治情勢が変化する中での研究には苦労を要したことであろう。本書は，こうしたプロジェクト・メンバーのたゆまぬ研究努力の賜物である。それが学内外の多くの方々の目に触れ，知的刺激となるとともに，研究会やシンポジウムなどさまざまな機会での交流をとおして，我々研究所員への励みとなることを願っている。

末尾になるが，本プロジェクト・チームのメンバー各位，及び同チームの活動にご支援・ご協力を頂いた関係諸氏には心から御礼を申し上げたい。

2015年3月

専修大学商学研究所所長　　神原　理

まえがき

本書は，中国・東南アジアにおいて進展している流通・マーケティングの革新に焦点を合わせている。

この間，日中・日韓の政治的関係が非常にぎくしゃくし，東アジアは世界の中で最も不安定なエリアの１つとみなされることすらあるようになった。とはいえ，東アジア及び東南アジアの諸国・地域間の経済的関係はますます相互依存の度合いを強めていることから，経済界を始めとして政治的関係の安定化を求める声は根強くある。

そうした中で日本の消費財メーカー，卸売企業，小売企業の中には，日中関係の政治的リスクを考慮しつつも，中国市場の中でも従来の１～２級都市ばかりでなく，成長余力が大きいと見込まれる３～４級都市への参入，投資拡大に踏み切るところが存在する。他方で，中国との関係における政治的リスクや，沿岸部大都市における不動産バブル崩壊等の経済的リスクの高さを考慮し，そのリスクヘッジ策として“チャイナ・プラスワン”を打ち出し，ベトナムやインドネシア，カンボジア，ミャンマーを始めとする東南アジアでの事業展開を本格化させる企業が増えている。

欧米系の消費財メーカー及び小売企業も，中国市場と東南アジア市場での展開を進めており，日本企業は，一方でこうした欧米系企業と各市場で対峙している。同時に，それぞれの市場には，いわゆるトラディショナルトレード（伝統的流通形態）の担い手としての在来市場や中小・零細事業者だけでなく，スーパーマーケットやコンビニエンスストアなどを展開する内資系企業が，いわゆるモダントレード（現代的流通形態）の担い手として成長してきている。そのため，各市場における競争は，内資系，欧米系，日系を中心に三つ巴，四つ巴の様相を呈している。

以上のような状況は，流通分野における企業活動のグローバル化というコンテクストにおいて捉えることができる。こうしたいわゆる流通グローバリゼーションに関する研究の視点は，図表0-1に示すように，大きく２×３のマトリックスに分類できる。これらのうち，従来はどちらかというと，欧米ないし日

図表0-1　流通グローバリゼーションに関する研究視点のマトリックス

	市場・消費者・規制	組織間関係	組織・戦略
外へのグローバリゼーション	①	②	③
内なるグローバリゼーション	④	⑤	⑥

本などの企業が国境を超えて他国の市場に参入するという方向（外へのグローバリゼーション）から，市場・消費者・規制，組織間関係，組織・戦略を明らかにするといったタイプの研究（①～③）が多かった。それに対して近年は，現地の市場状況や競争構造の固有性，複雑性に注目し，それらに内在的な方向（内なるグローバリゼーション）から，市場･消費者･規制，組織間関係，組織･戦略に迫る研究（④～⑥）が増えつつある。本書の各章は，基本的に後者に焦点を合わせるものといえる。

現地市場における内なるグローバリゼーションに注目する際に，前提的に注意を要するのは，それぞれの市場（国）の人口構造の変化である。本書第１部が対象としている中国においては，1978年の改革開放後に生まれた「80後」(1980年代生まれ)，「90後」（90年代生まれ）世代が消費の主流になりつつあり，スーパーマーケット等のいわゆるモダントレードの成長を支えるとともに，インターネット販売の拡大を促進している。しかし，その反面で1979年以来の「１人っ子」政策の影響から，急速な少子・高齢化が進展し，いわゆる人口ボーナス期（人口構成の変化が経済にプラスの影響を与える状態）から人口オーナス期（逆にマイナスの影響を与える状態）に転じている。

そうした変化を受けて，中国の小売業界では，現在，「社区」型商業集積に対する関心が高まっている。ここで「社区」とはコミュニティや地域社会のことをさしており，社区型商業集積とは，コミュニティ内の住民を対象にする商業集積（コミュニティ型商業集積）を意味する。中でも注目されているのは，住宅やオフィスと複合的に開発され，小売業のみならず，文化･スポーツ施設，病院，教育機関等を一体化した隣里中心（ネイバーフッドセンターないしコミュニティ・サービスセンター）というタイプの商業集積である。

中国における流通は，以上のような構造変化の中で，重大な転換期を迎えつつあるといえる。

これに対して，本書第２部が対象としているベトナムやインドネシアを始めとする東南アジアのほとんどの国々は，人口増が続くとともに，構成比で見ると若年層の比率が高いピラミッド型になっており，人口ボーナス期の真只中にある。とはいえ，およそ30年後には65歳以上が人口の約２割を占め，現在の日本と同程度の状況になると推計されている。

このような人口動態を背景にして，１人あたりGDPはこの間各国とも基本的に上昇傾向にあり，2013年時点で，５万ドルを超えているシンガポールは別格として，１万400ドル台のマレーシアと5,600ドル台のタイがやや先行し，3,500ドル台のインドネシア，1,900ドル台のベトナムなどが追随しているという状況にある。

東南アジア各国の市場に関して，もう１つ注目すべきは，民族的，社会的，文化的，宗教的に多様な消費者が存在しており，所得の水準や分散も各々異なっていることである。ASEANにおいては，2015年までに関税，投資，人の流れを自由化することで域内自由貿易圏を形成する構想（1992年ASEAN首脳会議で採択）を持つなど，経済的統合度を高める方向が目指されているところであるが，それぞれに固有性や多様性を有するフラグメント化された市場とみなければならない。

東南アジア各国においては，以上のような市場構造を前提として，トラディショナルトレードからモダントレードへの進化・発展が，主として都市部で進展している状況にある。

さて，本書は専修大学商学研究所のプロジェクトチーム（2011年度～13年度）による研究成果である。メンバーは渡辺達朗（商学研究所所員，専修大学商学部教授），李雪（同所員，中京学院大学専任講師），熊倉広志（同所員，中央大学商学部教授），佐原太一郎（同準所員，専修大学大学院商学研究科博士後期課程）からなる。出版にあたって神谷渉（公益財団法人流通経済研究所主任研究員）にご協力いただいた。

本書は二部で構成されている。第一部は中国を対象としており，第１章は，中国の改革開放以降の三十数年間に起きた流通システムの変化について，分析することを目的としている。第２章は，大規模小売企業とメーカーや卸売企業などの供給企業との取引関係における入場料などの費用徴収といった取引慣行に焦点を合わせ，大規模小売企業によるバイイングパワー行使の実態と，それに対する政府の政策的対応について検討することを目的としている。第３章は，中国のインターネット小売企業の急成長を支えるビジネスモデルの特徴と，実店舗の展開を主要業務とするリアル小売企業の対抗戦略について検討したうえで，Ｏ２Ｏ／オムニチャネル戦略の展開に注目しながら，両者の競争と融合の状況について検討している。第４章は，P&Gの中国市場における展開プロセスを卸売チャネルの展開（1988～1997年），顧客別チャネル体制の構築（1998～2012年），新たなチャネルの開拓（2013年以降）の３つの時期に分けて検討し，成長のカギとなるチャネル戦略について分析している。

第二部は東南アジアを対象としている。そのうち第５章は，ベトナムの小売市場に注目し，そこで展開している小売企業の中で有力な勢力として「東南アジアリージョナル小売企業」の存在を指摘し，その展開について検討している。第６章は，インドネシアの小売市場におけるトラディショナルトレードからモダントレードへの構造変化に注目し，そこで中心的な役割を果たしている「東南アジアリージョナル小売企業」の展開について検討している。第７章は，「東南アジアリージョナル小売企業」を代表する１社として，多くの国々で活発に展開している，香港系のデイリーファームインターナショナルに注目し，買収を通じて東南アジア各国に根差した業態・店舗ブランドを展開する一方，チェーン・オペレーションのバックシステム等を共通化することで効率化を図るという同社の戦略展開について明らかにしている。

本書をまとめるまでに，編者・執筆者一同は，じつに多くの方々にお世話になった。とりわけ，専修大学商学研究所の先生方には，共同研究の機会を提供いただくとともに，要所要所で的確なアドバイスをいただいた。また，商学研究所の事務担当の花房郁子様には，さまざまなバックアップをいただいた。その他，１人ひとりのお名前をあげることはできないが，さまざまな場面でお世話になった研究者，実務家の皆様に，この場を借りて心から感謝申し上げたい。また，出版事情がますます厳しくなる中で，商学研究所叢書の出版を快くお引き受けいただいている白桃書房の大矢栄一郎代表取締役，編集をご担当いただいた矢澤聡子様に，心からお礼申し上げたい。

2015年２月11日

渡辺　達朗

目次

第3章 中国におけるネット小売とリアル小売の O2O/ オムニチャネル戦略の展開 ―ビジネスモデル間の競争と融合―

第4章 中国市場における P&G のチャネル戦略

第二部　東南アジア編

第5章　ベトナムの食品・日用品小売市場における東南アジアリージョナル小売企業の展開

第6章　インドネシアの食品・日用品小売市場への国際展開
―リージョナル戦略の観点から―

第7章 外資系小売企業のアジア食品小売市場開拓
―デイリーファームインターナショナルを事例として―

第一部

中国編

第1章 激変する中国の流通
—メーカー・卸・小売に見る流通システムの変化—

1 はじめに

中国では市場経済の導入に伴い，流通システムは大きく変容している。計画経済から市場経済へと移行する中で，従来の行政調整に依存した生産・流通体制が撤廃され，市場のメカニズムによる企業間の自由な取引が行われるようになった。しかし，市場経済は必ずしも秩序のない取引を意味するものではない。市場の変化に有効かつ効率的に対応できる生産･流通の仕組みを構築するには，企業を主体としたビジネス・ネットワークの形成が重要である。

日本ではメーカー主導のチャネル構築，チェーンストアの普及，卸などの中間業者の排除，そして最近のネット通販の台頭などが段階を経て行われてきた。一方，中国では，若干の時間的ズレはあるが，ほぼ同時進行で進められている。

中国における多層的市場構造，多数のプレイヤー，激しい企業間・業態間競争は流通システムをさらに複雑化させた。経済成長の速さや地域間の経済格差により，近代化が急速に進む都市市場と，前近代的なままに残る農村市場が同時に存在している。こうした二重的市場構造を背景に，内資系と外資系企業は異なる戦略展開を見せながら，激しい競争を繰り広げている。

また，中国における小売業態の登場は，先進国のように市場環境の変化や革新的小売企業の登場による自然発生的プロセスではなく，外資の参入や，流通近代化を図るためのチェーン・オペレーションの意図的導入によるものであった。そのため極めて短期間にほとんどの小売業態が揃ったが，ここにも外資系と内資系小売企業の異なる戦略展開が見られる。

こうした複雑な環境の中で急激に変化している中国の流通システムを理解するには，その変化のプロセスを明らかにする必要がある。本章は改革開放以降の流通システムの変化を，（１）流通体制改革と卸売業の変化，（２）メーカー主導のチャネルの形成，（３）チェーンストアの普及といった３つの側面により分析を行う。メーカー，卸，小売がそれぞれ発展過程や抱える問題点を整理し，三者が流通システム全体で果たす機能・役割について検討する。最後に，効率的な生産・流通の仕組みを構築するために，製・配・販連携の可能性を探る。

2 流通体制改革と卸売業の変化

2-1　卸売業の改革

流通体制改革は市場経済導入の重要な一環であった。1979年以降，農村部では自由市場を復活させ，食料品市場の活性化を図った。また，国営卸の供給先，仕入先，取引価格が指定される「三固定」制度が1980年代半ばに廃止され，省・市・自治区や農村の鎮・郷といった行政地区単位に応じて設けられたクローズドな取引経路が崩れた。統一生産・統一分配の生産・流通体制が撤廃される一方，国営商業企業は経営請負制を取り入れ，自主的経営権を持つようになった。

取引の自由化に伴い，個人営業も許可されるようになり，個人経営の卸売商や小売商が急増した。また，各地には，生鮮食品，衣料品，日用雑貨などの商品を取り扱う自由市場，農貿市場が登場し，特に産地には取扱品目を限定・特化した専業卸や専業卸売市場が現れ，これらが集散地としての役割を果たすようになった。

一連の流通体制改革により，行政調整に依存した流通体制が市場取引を中心とした自由な流通体制に変わり，30年間抑圧された商業活動が一気に解放された。しかし，それがもたらした欠点もあった。政府の手による調整は，硬直的で高コスト，低効率であるが，安定供給ができる完全なる仕組みであった。それが撤廃された後，市場の手による効率的かつ合理的な流通システムがすぐには形成できなかった。そのため，中間流通の担い手となったのは，急増した個人経営の卸売商であった。彼らの多くは弱小零細規模で，短期的取引志向や低い信頼性により乱売や不正競争，代金回収難などの問題が多発した。その結果，中間流通は取引秩序がなく，混沌とした状態に陥った。

図表1-1　資本形態別卸売企業の経営状況

	企業数（社）				従業員数（千人）			
	2001年	%	2012年	%	2001年	%	2012年	%
内資系企業	15,058	98.7	69,356	95.1	1,963	99.0	3,512	85.6
国有企業	7,736	50.7	4,005	5.5	1,124	56.7	62	1.5
私営企業	1,262	8.3	41,650	57.1	47	2.4	1,247	30.4
その他	6,060	39.7	23,701	32.5	792	39.9	2,203	53.7
外資系企業	200	1.4	3,588	4.9	20	1.1	592	14.4
香港・マカオ・台湾資本企業	84	0.6	1,327	1.8	7	0.4	250	6.1
外国資本企業	116	0.8	2,261	3.1	13	0.7	342	8.3
全体	15,258	100.0	72,944	100.0	1,983	100.0	4,104	100.0

出所：『中国統計年鑑』より作成。

図表1-1に示すように，国有卸は2001年の7,736社から2012年の4,005社に減少し，従業員数約112万人から６万人に激減した。一方，私営企業は2001年の1,262社から41,650社に増加し，従業員数は約５万人から125万人に大きく増加した。

国営卸は株式制度を導入したり，企業間の合併・統合を行ったものの，経営体制があまり変わらなかった。メーカーや小売が求める卸としての物流や品揃え機能を十分整備できず，多くの企業は姿を消した。

一方，WTO加盟を機に，卸売業への外資参入が活発となった。「外商投資商業領域管理弁法」は実験段階を経て2004年に施行され，塩や煙草などの一部の商品分野を除き，卸売業は全面的に対外開放された。また，外資の進出地域や出資比率に対する制限が緩和され，独資企業（100％外資）が増えた。外資卸は2001年の200社から2012年度の3,588社に増加し，従業員数も２万人から59万人に増加した。外資卸は高度な情報・物流技術を用いて，１社あたりの取扱規模は内資卸を大きく上回っている。

また，卸売市場は依然として中間流通の重要な担い手であり，卸売・小売市場の数は2012年には5,194箇所に増加し，約350万のテナントが出店している。取引総額は伸び続けており，８兆141億元に達している（図表1-2）。

卸売市場は，多数の買い手と売り手を結ぶ場である。その存立基盤となるのは，数えきれない個人商店が存在し，流通近代化が遅れている莫大な農村市場

図表1-2　全国の卸売・小売市場の取引状況

年度	市場数（箇所）	テナント数（千）	取引総額（億元）	
			卸売市場	小売市場
2000年	3,087	2,115	11,648	4,711
2005年	3,323	2,249	24,544	5,477
2006年	3,876	2,528	29,680	7,458
2007年	4,121	2,682	35,871	8,214
2008年	4,567	2,839	43,120	9,338
2009年	4,687	2,995	48,308	9,656
2010年	4,940	3,193	60,954	11,749
2011年	5,075	3,335	69,390	12,627
2012年	5,194	3,494	80,141	12,882

注：統計は取引規模1億元以上の市場に限る。
出所：『中国統計年鑑』より作成。

である。近年，農村地域ではセルフサービスを取り入れた商店が増えているが，ほとんどチェーン化されておらず，卸売市場を主要の調達先としている。また，大都市立地の卸売市場はチェーンストアの普及により，縮小傾向にはあるが，施設の改善やネット事業の展開により成長を図ろうとしている。中小事業者をターゲットとする外資系の会員制クラブが中国市場でうまく拡大できない一因は，卸売市場との競合にあると見られている。しかし，卸売市場に出店したテナントの多くは零細規模で，仕入先への管理が不十分のため，偽物を扱う場合も少なくない。

2-2　大規模卸売商の登場

中国は国土が広く，地域性があり，交通システムも複雑である。とくに農村地域では人口が分散的に居住しているため，卸売商介在の多段階流通システムが必要である。本来，卸売商はメーカーの代理店，あるいは小売の購買代理者として機能を果たす。しかし，卸売商の弱小規模や機能不備は，社会全体の流通コストの上昇をもたらす可能性もある。その場合，メーカーや小売が一部の卸機能を吸収する必要もある。

有力な食品・日用品メーカーは，売上規模が数百万元から数億元の中小卸売商を選定し，彼らの機能の不備を補完しながら，系列化・組織化したチャネルを展開した。一方，チェーン展開する小売企業は，卸機能の排除あるいは吸収する動きを見せた。例えば，大型小売チェーンはメーカーとの直取引を拡大させたり，中小小売チェーンはボランタリー組織を作り共同仕入を行ったりしている。また，自ら物流センターを設け，一部の物流・在庫負担機能を内部化した場合もある。こうして小売チェーンは急速に拡大するとともに，中小のサプライヤーに対して強いバイイングパワーを持つようになり，不正な費用徴収を行っている。こうした取引慣行を助長させた間接的な要因としては大型卸の不在が考えられる。

生産財や輸出入貿易の分野では，大規模な国有資本の卸が存在するが，消費財分野ではほとんど中小規模にとどまっている。多地域，多品目の展開に伴い，全国卸や総合卸が登場する可能性もあるが，そこには人材，資金，物流システムなどさまざまな経営資源の整備や調整が必要である。

数十億元規模に拡大した比較的大規模な卸は，メーカーの地域代理店でありながら，総合的な品揃えを行い，小売チェーンの多店舗展開に対応している。現在，食品分野では比較的大規模な卸としては南浦食品，北京朝批商貿，広州華新商貿があげられる（図表1-3）。3社はそれぞれ華東，華北，華南地域に立地しており，売上規模は約60億元である。

また，3社に共通しているのは，次の4点である。第1に，自己リスクで多

図表1-3　有力食品卸3社の経営状況

	南浦食品	北京朝批商貿	広州華新商貿
設立	1991年	1987年	1994年
展開地域	華東地域	華北地域	華南地域
本社所在地	上海	北京	広州
経営者	林建華	李建文	憑輝良
売上規模	約60億元	約60億元	約50億元
取扱商品	ネスレ，レッドブルなど5,700品目の飲料・食品,「天喔」食品,「天喔茶庄」茶飲料などのPB商品	ネスレ，蒙牛，ダノン，ロッテ，娃哈哈，ダブ，金六福など500ブランドの食品，日用品	珠江ビール，ペプシコ，コカ・コーラ，統一，伊利など約100のブランド6,000品目以上の食品，日用品

出所：各社のホームページより作成。

数のブランドを取扱い，同時に一部メーカーの地域代理店として強い関係を築いている場合もある。第２に，大都市に立地しており，取引先の多くは都市部の大型小売チェーンである。第３に，自ら物流センターと配送車両を備え，エリア内で迅速な配送体制を実現させ，物流機能を強化している。第４に，早期に情報システムを導入し，物流・在庫管理，入出荷業務の改善などに取り組んでいる。

しかし，卸売商の大規模化を実現するには，独立体制では難しいため，南浦は国有資本の導入，朝批は小売グループの京客隆の傘下入り，華新は住友商事や加藤産業との提携などで外部の資源を積極的に活用している。

いずれにしても，中国のような広域で複雑な市場では，卸の介在による中間流通の効率化が必要である。メーカーや小売の急成長に比べ，遅れを取った卸にとって，中間流通での位置づけや役割を明確にする一方，情報技術によりメーカーや小売との連携を強化し，受発注システムの整備や物流の合理化，地域での取引ネットワークの強化などに取り組むことが必要といえる。

3 メーカー主導チャネルの確立

3-1　内資系メーカーの系列化チャネル

メーカーにとってチャネル展開上の最大の課題は，中間流通をいかに整備するかということである。計画経済に基づく生産・流通の仕組みが1980年代後半まで機能していたため，多くのメーカーは当初，国有商業チャネルを利用した。だが次第に，国有卸は経営不振に陥ったり，特にマーケティング知識に欠けていたりして，自社ブランドを立ち上げ，全国展開を目指すメーカーの要請に対応できなくなった。そのため，メーカーは自ら各地に営業所や販売支社を設け，中間流通の不備を補う一方，急増する個人経営の卸売商との取引を拡大させた。こうして，中国全土に行きわたる販売網が急速に整備されたが，前述のように個人卸の弱小過多性や低い信頼性により，取引が混乱し，乱売や代金回収難などの問題が多発した。メーカーにとってチャネルを統制する必要が生じた。

卸売商の乱売行為を抑制するために，中国最大の飲料メーカーの娃哈哈を始め，即席麺メーカーの華龍（現：今麦郎）や，日用品メーカーの納愛斯，立白などは中小の卸売商を系列化・組織化するという動きを見せた（図表1-4）。

チャネル統制の手段は主に４つあげられる。第１に，保証金制度，奨励金・リベート制度である。娃哈哈は1994年に，卸売商が年間販売額の10％を保証金（預かり金）として前払いし，その販売状況に応じて娃哈哈が年末に同期金利より高い利子を付けて卸売商に払い戻すという保証金制度を導入した。また，華龍は1997年に年間利益の30％を卸売商に支払うという奨励金制度，2001年に卸売商年間仕入額の２％をリベートとし，また販売実績に応じて卸売商に自社の株式を割り当てる制度を導入した。納愛斯は，取引を安定化させるために，2001年に保証金制度を導入し，年間取引額に応じて卸売商が一定比率の預かり金を納愛斯に先払いし，年末に納愛斯が一定の利息を付けて払い返す契約をした。同じく立白は，1996年から自社商品のみ取り扱う専売店制度を導入し，年末リベート・奨励金として約２～14％を支払うという制度を導入した。

図表1-4　食品・日用品メーカー4社の卸売商チャネル系列化

	娃哈哈（Wahaha）	納愛斯（Nice）	今麦郎（Jinmailang）	立白（Liby）
分野	飲料・食品	日用品	即席麺・飲料	日用品・化粧品
設立	1987年	1968年	1994年	1994年
所在地	浙江省杭州市	浙江省麗水市	河北省隆堯市	広東省広州市
経営者	宗慶後	庄啓伝	範現国	陳凱旋
売上規模	783億元	約150億元	約100億元	約150億元
チャネル形態	販売支社38社，特約卸約8,000社，2次卸約4万社，営業組織約8,000人からなる連鎖体チャネルを展開	販売支社55社，代理商約3,000社，3段階卸売チャネルと大型小売チェーンとの直取引チャネルを同時に展開	販売支社約30社，8大区，68営業部，259営業所，末端販売拠点95万店をカバー，2級，3級都市を中心にチャネルを展開	県レベルで専売商約2,000社，2段階卸売チャネルと大型小売チェーンとの直取引チャネルを同時に展開
チャネル統制手段	保証金制度，地域販売責任制，再販価格維持制度，営業支援	保証金制度，地域代理分銷制，営業支援	奨励金制度，リベート制度，テリトリー制，「経銷商協会」	リベート・奨励金制度，テリトリー制，専売店制度，「立白商会」

注：売上規模は2012年度のものである。
出所：各社のホームページより作成。

第２に，テリトリー制度あるいは地域販売責任制度である。全国展開に伴い，地域間の経済格差や消費水準の差異により，仕入価格の低い地域で仕入れ，販売価格の高い地域に移動させて販売する，といった卸売商の販売行為が多発した。地域間の価格競争や取引経路の混乱を防ぐために，多くのメーカーは全国市場を多数のエリアに分割し，１次卸や２次卸の取引範囲を指定する措置を取り入れた。

例えば，娃哈哈は１次卸を特約卸として選定し，彼らに独占的な販売権を与えるというテリトリー制度を導入した。販売地域の分割や調整は，基本的に特約卸の資金力やその２次，３次卸の販売ネットワークの取引範囲によって決定する。比較的大規模な特約卸を選別する一方，地域市場の需要をより深く掘り出すために，意図的に特約卸のテリトリーを縮小させた。また，納愛斯は１次卸を代理商として，彼らと独占的な販売契約を結ぶ一方，２次，３次の卸売商とも契約させ，代理商が卸売商にリベートを支払うことで，テリトリー内の取引秩序の維持を図った。

一方，立白は省ではなく，県レベルで自社商品を専売する卸売商を選定し，テリトリーを設定した。県を分割単位としたのは，各卸売商の販売エリアを狭く設定し，地域市場により深く浸透させることで市場を開拓するねらいであった。華龍も，県レベルで卸売商と契約し，取引段階を短縮させることで，チャネルへのコントロールの強化を図った。

第３に，再販価格維持制度に類似する取引価格体系の整備である。これは，卸売商の取引に直接関与する行為であり，高度な統制力を持つメーカーのみ実現できる制度である。４社のうち，この制度を導入したのは娃哈哈だけである。娃哈哈は３～４の取引段階を経ても，各取引業者が必ずマージンを取れる合理的な利益配分を，取引秩序を維持する前提とした。特約卸から２次卸，小売店まで各取引段階のマージン配分を決め，卸売価格の設定に一定の幅を与えた。また，納愛斯は多段階の取引が１つの社会的な仕組みであり，２次，３次の卸売商と良い取引関係を作ることで全体の発展が可能となると強調している。ただ，娃哈哈のように各段階での取引マージンの設定までには至らなかった。

第４に，営業支援による卸売商との共存共栄の関係構築である。娃哈哈は，契約により卸売商の販売行為を統制・監督すると同時に，自社の営業部隊により，品揃え，在庫管理，販売促進などの手厚い販売支援を行い，共同で市場を開拓している。一部の地域では，特約卸は資金や倉庫，運搬作業員のみを提供し，その他の販売機能を娃哈哈の営業組織が補っている。また，納愛斯は営業組織を通し，代理商と共同で市場の開拓や管理を行っている。特に，価格競争が激化した際，取引する代理商も大きなダメージを受けたことから，納愛斯は「三高興」（三方よし）の理念を提唱し，作る側，売る側，消費者ともに喜ぶことをめざし，卸売商の利益確保に努めた。

一方，華龍の卸売商は自発的に「経銷商協会」を設立した。地域間の不当競争，乱売を防ぐことが目的であり，問題が発生した場合，会長が業者間の利益調整を行った。また，立白も当初契約した専売商の多くは，信頼できる親戚や知人が経営する卸売商であった。後に，立白が主導で「立白商会」を設立し，専売商間の情報交換や交流を促進し，地域間の乱売問題に対応した。

こうしてメーカーや卸売商がともに成長する中，中国的取引風土や商慣習が徐々に形成されていった。特に機能補完や共存共栄による長期的な取引関係は，系列化チャネルを維持する重要な要素となった。また，保証金制度やテリトリー制などの導入により，代金回収問題が解決され，取引秩序を維持することができた。こうした系列化チャネルは，多段階取引や多数の卸売商や小売商が存在する地方都市や農村地域を中心に展開されていった。これが内資系メーカーの急成長を支えるとともに，外資系企業との競争に対抗する重要な経営資源となった。

しかし，都市部の大型小売チェーンとの取引において，外資系メーカーに比べ，内資系メーカーはブランド力の弱さや高度なマーチャンダイジング手法の欠如などの問題を抱え，都市市場での展開は難航していた。

3-2　外資系メーカーの直取引チャネル

内資系メーカーの系列化チャネルとは対照的に，外資系メーカーが異なるチャネル戦略を展開した。例えば，1980年代に中国市場への進出を果たしたP&Gやコカ・コーラは，高度なマーケティング手法によりブランド力を高め，都市市場を中心に寡占的シェアを獲得した。

P&Gは進出初期に合弁相手である国営石鹸メーカーの販売組織を通して販売を行った。しかし，国営の卸売機関がP&Gのマーケティング展開には十分対応できず，P&Gは1993年頃から自ら営業人員を育成し，また全国範囲で約300社の代理店と契約した。テリトリーを調整し，営業担当を送り込み，奨励費・サービス費などを支払うこともあった。また，一部の優秀な代理店を対象に，P&Gの投資でDBS（Distributor Business System），EDR（Electronic Distributor Replenishment），IDS（Integrated Distribution System）などの情報システムも導入させた。こうして，P&Gは自ら卸売商を育成しながら，北京，上海，成都，広州を中心に中国全土をカバーする地域別販売体制を築いた。

しかし，1990年代後半から，チェーンストアの普及やウォルマートなど外資系小売企業の中国進出を背景に，P&Gは彼らとの直接取引をチャネルの重心に置いた。代理店の数を3分の1に削減し，代理商，主要小売商，大型小売チェーンとウォルマートといった顧客別チャネル体制に切り替えた（図表1-5）。

一方，コカ・コーラは各地のボトラーを通して販売チャネルを拡大していった。チェーンストアの普及に伴い，チャネル体制を大きくモダントレードと伝統チャネルに分け，それぞれへの対応を強化した。モダントレードは，KA（Key Account：大型小売チェーンのこと）として，基本的にハイパーマーケット，スーパーマーケット，コンビニエンスストアといった業態別で契約を行っている。伝統チャネルは，卸売，101と直営の3つから構成されている（図表1-6）。直営チャネルは顧客別に細かく分類され，都市市場を中心に展開して

図表1-5　P&G中国の顧客別チャネル体制

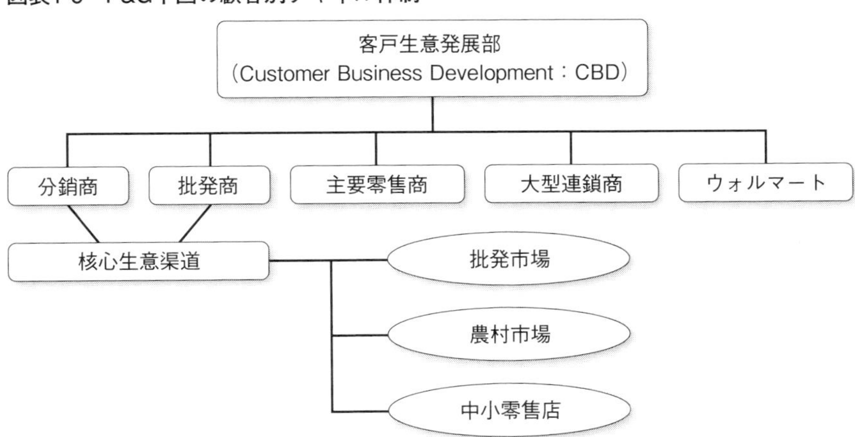

出所：「宝潔公司渠道戦略転変分析及其啓示」『企業活力』2005年第5期，p.38。

いる。また，2001年から設けた101チャネルは，地方都市での販売を強化するために，卸売商と契約し，末端の小売店に冷蔵庫や展示棚などのハード設備や商品知識などのソフト・サービスを提供するといった組織化したチャネルである。

P&Gやコカ・コーラに共通しているのは，透明な取引制度，特に統一した取引価格や奨励制度を実施していることである。例えば，P&Gは2002年後半から変動的取引価格を実施し，卸売商が1回の注文で1,000ケースを超えた場合1％のリベートを支払うといった奨励策を出した。また，2003年の卸売商会議では「Mc Sales Model」という販売管理モデルを発表した。統一した販売モデルにより，卸売商の組織構造やチャネル区分，販売人員の業務及び顧客先訪問の流れ，賃金体系などの標準化を図ろうとした。

一方，コカ・コーラは，KA，卸売，直営チャネルでは，いずれも売上に応じたリベート制度を取り入れている。また，KAチャネルでは，売上リベートのほか，売場陳列や代金の回収状況なども評価基準としている。さらに，チャネル間の乱売を防ぐために，コカ・コーラは取引価格を透明化し，統一した価格政策を実施した。

外資系メーカーは，多様な品揃え，高いブランド力，売場提案力と価格交渉力を持ち，また小売チェーンを重視するチャネル体制により，都市市場を中心に拡大している。しかし，農村市場でのチャネル展開は壁にぶつかることになった。その理由は主に3つあげられる。

図表1-6　コカ・コーラのチャネル体制

モダントレード			伝統チャネル													
KA			卸売チャネル	101チャネル	直営											
ハイパーマーケット	スーパーマーケット	コンビニエンスストア			レストラン	交通	百貨店	食品店	ホテル，娯楽施設	雑貨食品店	学校	屋台	観光スポット	窓口店	ネットカフェー	その他

出所：「渠道平衡—可口可楽“無処不在”的魔法石—」『中国商貿』2004年5月，p.27。

第1に，マージンの低さである。日用品の場合，国内メーカーの7～8％のマージンに比べ，P&Gの場合は1～3％に低く設定されている。第2に，チャネル政策が柔軟性に欠けたことである。農村市場ではボリュームを取ることが難しく，地域性もあるため，取引規模に応じたリベートや，透明で統一した価格政策が十分適用できない。第3に，チャネル統制力の弱さである。多段階取引の卸売チャネルへの統制力が低く，取引が混乱している。代理店や1次卸を資金力で選定しているが，それ以下の取引の混乱した状況を容認している。

外資系メーカーは，中国的商慣習を理解しがたいため，奨励と監督，罰則制度などの難しいチャネル統制を実施することができず，基本的に小売チェーンがすでに普及している地域を中心に展開している。

4 チェーンストアの普及

4-1　外資系小売企業の参入

中国ではチェーンストアが登場したのは1990年代後半である。1999年に発表された小売上位100社ランキングでは，百貨店のほとんどが経営赤字に陥ったのに対し，「超市」と呼ばれるスーパーマーケット業態の急成長が目立った。「21世紀はチェーンストアの世紀」といわれ，チェーン・オペレーションが小売業や飲食業，ホテル業などに広く採用されるようになった。

チェーンストアの普及には，外資系企業が大きな役割を果たした。小売業の開放は1992年7月であったが，当初11の大都市で百貨店業態を中心に外資の実験的な導入が行われた。そして，1995年10月に北京と上海で2社の外資系小売企業の設立が実験的に認められたが，合弁方式，中国側の出資率51％以上，契約年数30年以内といった規制が設けられた。これ以降，カルフールやメトロ，ウォルマートなどのグローバル・リテイラーが中国の沿岸地域の大中都市を中心に拡大した。

また，中国のWTO加盟により，出店地域，店舗数，持株率などに関する制限が徐々に緩和され，外資の進出が加速した。2004年6月に施行された「外商投資商業領域管理弁法」により，すべての省級都市への出店が可能となり，一部中小規模の外資系小売企業の進出に対し，地方商業主管部門による認可も可能となった。同年12月には制限が撤廃され，小売業の全面的な市場開放が始まった。

外資系小売企業は，基本的に大都市に売場面積8,000㎡以上のハイパーマーケットを中心に展開していった。出店地域への規制緩和に伴い，多店舗展開を急速に進めた。カルフールは，売上規模や店舗数で外資系小売企業をリードしていたが，2009年にはウォルマートと大潤発に逆転された。ウォルマートは2007年に100店舗を突破した後，出店攻勢をさらに拡大し，2013年には407店舗に達した。また，トップに成長した大潤発は急速に規模を拡大しながら，個々の店舗の運営効率を重視した。1店あたりの平均売上高は約3億元強であり，イトーヨーカ堂を除いて他社を上回っている（図表1-7）。

多店舗展開に積極的である欧米系や台湾系に比べ，日系小売企業の進出戦略は大きく異なる。イトーヨーカ堂は出店地域を北京と成都に限定し，特に成都では食品を強化した総合スーパー業態により地域に深く根差し，好調な業績をあげている。イオンは，山東省と広東省を中心に総合スーパーを展開したが，2008年頃から出店地域を北京，蘇州，武漢などに拡大し，ショッピングセンターやコンビニエンスストア，食品スーパー，専門店など多業態を展開するようになった。

図表1-7　大手外資系小売企業の経営状況（2013年度）

企業名	進出時期(年)	売上高（万元）	増減率（%）	店舗数（店）	増減率（%）	1店当たり売上高（万元）
康成投資（大潤発）	1998	8,012,000	10.6	264	20.5	30,348
ウォルマート	1998	7,221,464	24.5	407	3.0	17,743
カルフール	1995	4,670,588	3.2	236	8.3	19,791
テスコ	2004	2,050,000	2.5	144	29.7	14,236
メトロ	1996	1,750,000	14.4	75	19.0	23,333
ロッテマート	2004	1,550,000	△5.0	110	11.1	14,091
オーシャン	1999	1,509,074	7.0	59	9.3	25,578
ロータス	1997	1,374,982	0.5	77	2.7	17,857
イオン	1996	876,782	8.5	44	22.2	19,927
イトーヨーカ堂	1996	726,625	△2.9	14	7.7	51,902

出所：中国連鎖経営協会の統計より作成。

小売業における外資の導入にも，他の産業同様に，外資から経営やマネジメントのノウハウを学び，国内企業に刺激を与えるという期待があった。しかし，WTOへの加盟により一気に速まった開放に対し，内資系小売企業は外資の勢いに圧倒され，また集中仕入方式が中小のサプライヤーへのパワー行使をもたらすなどの懸念もあった。実際，こうした問題は，2000年代末頃から徐々に顕在化した。

2010年12月，台湾食品メーカーの頂新（康師傅）がカルフールへの出荷を停止するという事件が起きた。コスト上昇を背景に康師傅が小売の販売価格を10%引き上げようとしたことがきっかけであったが，その裏にある厳しい取引条件や大型小売企業のパワー行使問題が明らかとなり，メーカーと小売の対立が激化した。カルフールを始め，小売チェーンの多くは入場費，バーコード費，祝日費などさまざまな費用を徴収していた。これは，小売が低価格販売を維持しながら，収益を確保する重要な手段であった。しかし，メーカーにとって商品が販売されていないうちに，多額の費用を払うことになり，売れ残りが多く発生した場合，高コストが加算されることになる。後に各地の中小サプライヤーから大型小売チェーンがバイイングパワーを利用して繁雑な名目で不正費用を徴収しているといった声が上がり，社会問題化した。こうしたことから，2011年に12月に商務部が大型小売企業の不正費用徴収行為を取り締まるといった動きに出た。

また，2011年１月のカルフールやウォルマートの店頭における価格表示の詐欺行為，９月のウォルマートの有機豚肉偽装事件などが相次いで発生し，外資系小売企業に対する不信感も高まった。

しかし，外資系企業は，一部撤退の動きもあるが，依然として中国を戦略上重要市場と位置づけ，拡大の勢いが止まっていない。特にウォルマートは１級，２級都市の不採算店舗を閉鎖すると同時に，３級，４級都市への進出を加速している。大中都市ではこれまで各社がしのぎを削って出店競争を繰り広げていた。しかし，人件費や地価などのコスト上昇が深刻で，契約切れの店舗や，来店客数が少なく，運営効率の低い不採算店舗を中心に閉鎖・売却が多く見られた。2013年，主要外資系小売企業の31店舗が閉鎖されたが，その数は2014年前半に118店舗にのぼった。

一方，中国の都市化の進展に伴って，外資系企業は３級，４級都市や新興都市への出店を増やしている。2013年末にウォルマートは，今後３年間３，４級都市を中心に新たに110店舗を展開すると発表した。大潤発は2013年度報告では，出店予定の160店舗のうち，44％が３級都市，27％が４級都市，８％が５級都市に立地していることが明らかになった。

しかし，外資系小売企業の地方都市への進出に伴い，これらの地域で成長してきたローカル企業との競争がさらに激しくなることが予測される。内資系の小売企業がそれにいかに対抗するかは重要な成長課題となった。

4-2　内資系小売企業の展開

内資系小売チェーンの登場は1990年代半ばである。外資に比べ，チェーン経営の経験やノウハウをまったく持っておらず，税金や出店立地確保などの面で優遇政策を受けることもできないため，きわめて不利な状況からスタートしたといえる。当初，外資の大型店舗が出店した地域では，周辺の小売店がほとんど生き残れなかった。

内資系小売企業には，国有資本の企業もあるが，多くは中小店舗を中心に展開する民営企業である。厳しい競争に対抗するために，さまざまな戦略を練り，成長を図っている。例えば，外資系小売企業は，加工食品や日用品の低価格販売，大量販売を得意とするが，内資系企業は生鮮食品の取扱いを強化した。生鮮食品は損耗率が高く，利益をあげることが難しい商品類ではあるが，中国ではその購買頻度が高く，集客効果が見込まれる。生鮮売場を強化することで，外資系小売企業との差別化を図ることが可能となる。また，内資系小売企業は，住宅地に店舗を構え，地域住民のニーズにうまく対応できる地域密着型の店舗作りを目指している。

激しい競争に直面しながら，内資系小売企業は消費需要の拡大に伴って急成長した。図表1-8に示すように，上位に成長した企業の多くは北京や上海，深圳などの大都市に立地しているが，福州や長沙，威海などの地方都市に立地するローカル企業も登場している。特に永輝と歩歩高は，売上高や店舗数がともに高い伸び率をあげ，急拡大している。

内資系小売企業の成長は，大きく４つのタイプに分類できる。第１は，多業態，多店舗展開する企業であり，その典型例は華潤万家である。同社は「華潤万家」

図表1-8　大手内資系小売企業の経営状況（2013年度）

企業名	本社所在地	設立時期（年）	売上高（万元）	増減率（%）	店舗数（店）	増減率（%）
華潤万家	深圳	1984	10,040,000	6.7	4,637	4.8
聯華	上海	1991	6,881,838	0.2	4,600	△3.4
永輝	福州	2001	3,506,000	25.5	440	17.3
農工商	上海	1993	3,000,119	△1.0	2,644	△3.3
北京物美	北京	1994	2,171,488	7.3	547	1.7
歩歩高	長沙	1995	2,119,149	18.3	445	54.0
山東家家悦	威海	1995	1,900,650	4.5	601	1.0
北京華聯	北京	1996	1,470,000	1.4	140	7.7
北京京客隆	北京	1994	1,374,430	7.3	234	△2.9
人人楽	深圳	1996	1,309,090	△1.2	128	6.7

出所：中国連鎖経営協会の統計および各社のホームページより作成。

ブランドにより，ハイパーマーケット（売場面積8,000～15,000㎡），生鮮スーパー（800～1,500㎡），便利スーパー（500～800㎡）を展開したほか，ショッピングセンターの「歓楽頌」，ワイン専門店の「Voi_l！」，高級スーパーの「Ole'」と「blt」，ヘルス＆ビューティ専門店の「VIVO采活」，健康食品専門店の「華潤堂」，コンビニエンスストアの「VanGO」などの業態を展開している。各地域の特徴に合わせて出店しており，現在，新疆，チベット，雲南を除いて中国全土に4,637店舗を展開している。

同社は，国有資本というバックグラウンドもあり，潤沢な資金を用いて各地の小売企業の買収も積極的に行っている。2004年に江蘇省を中心に展開する蘇果超市の株式85％を買収した後，2005年に天津月壇集団と寧波慈客隆超市，2007年に天津家世界，2008年に西安愛家と広東民潤超市，2009年に無錫永安超市，2010年に広州宏城超市，2011年に江西洪客隆などのローカル企業を次々と買収した。また，2013年にはテスコと80対20の比率で合弁会社を作り，実質テスコの中国事業を買収することになった。

また，北京物美も，天津のダイエー，北京市の美廉美超市，浙江省の供銷超市や老大房超市，広西の新華百貨及びその傘下の新華百貨連鎖超市を次々と買収し，多様な業態で全国展開を目指している。

第２のタイプは，業態を特化した多地域展開する企業であり，その代表例は永輝である。生鮮売場を強化したハイパーマーケット業態により，福州から重慶，北京，合肥などの地域に次々と出店し，現在17の省・市に292店舗を展開している。生鮮を主力商品として，産直仕入や契約農家からの調達だけでなく，水産品の養殖や野菜，果物の栽培を自ら手掛けている。また，バイヤーの育成にも力を入れ，全国仕入と現地仕入を組み合わせた手法で，直接仕入の比率を約７割に高めている。しかし，年間40店舗以上という出店スピードを維持するために，外部からの出資も積極的に受けている。2014年８月に香港小売大手のデイリーファームは56億9,000万元の出資により，永輝の株式20%を取得した。こういった資金を得た永輝は今後さらに出店攻勢を拡大する計画を立てている。

第３のタイプは，地域を特化した多業態展開する企業である。例えば，歩歩高は湖南省と江西省を中心に，「歩歩高」ブランドにより百貨店やハイパーマーケット，スーパーマーケット，家電量販店を展開しているほか，コンビニエンスストアの「匯米巴」や外食チェーンの「太楚」も展開し，現在445店舗を持つ。多業態を組み合わせて出店することで，ブランドのシナジー効果を図ることが可能となり，より地域に根差した小売企業となった。また，近年百貨店業態を中心に四川省，重慶市，広西チワン自治区，貴州省にも出店している。

また，農工商は上海市，浙江省と江蘇省といった長江デルタを中心に，スーパーマーケットの「農工商超市」，コンビニエンスストアの「好徳便利」と「可的便利」，専門店の「真徳食品」，雑貨店の「伍縁雑貨」などの業態により2,644店舗を展開している。

第４に，地域や業態を特化したローカル企業である。これらの企業は，売上規模が10億元以下，店舗数も20店舗以下で，地方都市に立地することが多いが，商品構成や売場陳列，店舗作りなどで外資系小売企業や内資系の大手小売企業との差別化を図っている。地域に深く根差したことで，激しい競争にも対抗している。

2010年代に入り，小売業にとって２つ大きな課題が現れた。第１に，地価，人件費，光熱費などの店舗運営にかかわるコストの上昇と収益率の低下である。カルフールが持ち込んだ費用徴収に依存した収益モデルをチェーン経営の要素と捉えた内資系小売企業にも不正費用徴収の問題が多く見られた。これが不合理な商品構成や過剰在庫をもたらし，小売経営を弱体化させている。2011年の商務部による不正費用徴収への取り締まり以降，費用徴収で収益を取ることがすでに難しくなっている。コスト上昇に対応できる効率的な運営や収益体制をどのように確立させていくかは，小売業にとって最大の課題となっている。

第２に，都市市場を中心とするネット通販との競争の拡大である。2014年１～６月，電子商取引の売上総額は５兆6,600万元に達し，前年同期より30.1％増となった。このうち，ネット小売販売額は前年比33.4％増の１兆1,000億元であり，社会消費財小売総額に占める割合は8.4％に拡大している。一方，2013年度に上位小売100社の売上総額の占める割合が8.7％であり，ほぼ同レベルになっている。若者を中心に消費者の購買行動が大きく変化する中，ネット通販と実店舗との競争が拡大している。すでにネット事業を展開している小売業もあるが，その多くは低い粗利益率と高い配送コストで苦戦している。リアルとネットの融合といった動きが拡大している中で，売場での品揃えや陳列，体験型サービスをどう工夫し，リアルならではの強みをどう消費者にアピールするかは，小売企業にとって新たな成長課題となっている。

5 むすび

本章では，改革開放以降，中国の流通システムの変化を卸売業の再編，メーカー主導チャネルの展開，チェーンストアの普及の３つの側面から検討してきた（図表1-9）。

流通体制改革は中間流通からスタートしたが，メーカーや小売の発展に比べ，卸は遅れを取ったといえる。卸売市場は依然として大きな役割を果たしているが，品揃え形成，情報伝達，物流などの機能が不十分であり，現金取引を中心とした取引形態が安定したビジネス・ネットワークの構築に結びつくことが困難であった。

また，都市と農村の二重的市場構造により，異なる流通構造が形成され，チャネルの取引形態も大きく異なっている。都市市場では，チェーンストアが普及し，メーカーと小売りの直接取引が進んでいるが，大規模小売企業によるバイイングパワーの行使が大きな社会問題になっている。一方，農村市場では，個人経営の卸売・小売企業が多数存在し，小規模で分散的な市場に対応した多

図表1-9　移行経済における中国の流通システムの変化

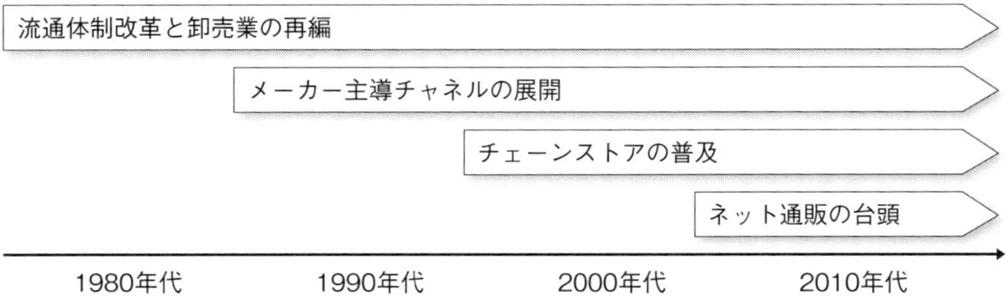

1980年代	1990年代	2000年代	2010年代
流通体制改革と卸売業の再編 →			
	メーカー主導チャネルの展開 →		
		チェーンストアの普及 →	
			ネット通販の台頭 →

段階取引が必要であり，取引の秩序をいかに維持するかはメーカーにとって課題となった。

内資系企業の成長と外資系企業の進出による一国でのグローバル競争が中国市場のもう１つの特徴である。両者は常に異なる展開を見せている。外資系メーカーは都市市場を中心に大型小売チェーンなどとの直取引にチャネルの重心を置いているが，農村市場ではチャネル統制の弱さによってうまく展開できなかった。一方，内資系メーカーは地方都市や農村市場を中心に，保証金制度やテリトリー制などにより卸売商を系列化・組織化し，急速な成長をとげたが，ブランド力やマーチャンダイジングの弱さにより都市市場の開拓は難航している。

また，小売分野では外資系小売企業は大都市を中心にハイパーマーケットなどの大型店を主に展開しているのに対し，内資系小売企業は生鮮売場を強化した大型店舗，地域密着型の中小店舗，または多業態の組み合わせで１地域や多地域に展開している。しかし，近年外資系小売企業の３級，４級都市への出店が加速しており，競争が激しくなる一方である。

このように改革開放以降の30年余り，メーカー，卸，小売が急速に成長する中で，中国の流通システムは大きく変化した。しかし，メーカー・卸・小売三者間の連携が十分行われていないため，物流配送や在庫管理に多くの無駄が生じており，高い流通コストが商品価格に転嫁されている。また，入場費などのさまざまな費用徴収に依存する小売の収益体制は，サプライヤーとの対立の激化をもたらした。

こうした状況を改善するためには，顧客視点を取り入れた小売経営や，メーカー・卸・小売による協調的ネットワークの構築が必要である。特に小売企業にとっては，情報技術を活用し，品揃え，物流・在庫管理，店舗運営の合理化や最適化などを図り，健全な経営体制の構築が重要である。また，情報技術の導入は，個々の企業に留まらず，業界レベルでシステムの統一化・標準化を実現させるべきである。情報共有によりメーカーと小売の共同商品開発，卸を介在した物流の合理化とコスト削減などが可能となる。

経済発展の転換期に迎えた中国において，企業が成長を続けるためには，人件費や地価，エネルギー価格などさまざまなコストの上昇，企業間・業態間競争の激化などの問題に対応しなければならない。しかし，流通は個別企業の問題に留まらず，１つの社会的仕組みとして考えるべきであり，製・配・販連携による全体の効率化が成長を図るための重要なカギとなる。

[参考文献]

黄磷（1990）「中国の流通構造」日中経済協会『中国の流通システム』日中経報，第225号，pp.29-62。
馮睿（2004）「中国における流通システムの変容」『関西大学商学論集』第48巻６号，pp.857-882。
馮睿（2005）「外資小売企業参入の中国流通システムへのインパクト」『流通』第18号，pp.180-193。
兪仲文（1989）「歴史的転換期における中国流通システムの再編成」『産業経営』第15号，pp.177-229。
李雪（2013）「急成長する中国のネットショッピング市場―ネット通販企業の戦略と課題―」『流通情報』第504号，pp.46-59。
李雪（2014）『中国消費財メーカーの成長戦略』文眞堂。
渡辺達朗・流通経済研究所編（2013）『中国流通のダイナミズム』白桃書房。
王暁東（2011）「論我国工業品批発体系重構与完善」『経済理論与経済管理』第７期，pp.99-105。
王成栄（2005）「走出混沌―批発業発展趨勢之浅見―」『北京市財貿管理幹部学院学報』第21巻１期，pp.9-12。
謝莉娟（2011）「論当前批発体系萎縮的実証涵義」『財貿研究』６月号，pp.56-62。
谷俊（2003）「立白的特色営銷」『創業家』１月号，pp.33-35。
張大亮（2001）「営銷網絡創新―娃哈哈営銷聯合体―」『企業経済』第４期，pp.77-78。
張山斯（2011）「康師傅与家楽福―両毛銭的戦争―」『商界評論』２月号，pp.29-37。
趙向陽「華潤万家“全覆蓋式”弁購」『中国経営報道』2013年８月17日。
鄭暁芳（2013）「立白―幇助経銷商成長―」『商学院』12月号。

任宇子（2014）「外資零售“中国劫”業績不佳関店此起彼伏」『中国連鎖』8月号。
彭春雨（2003）「華龍—以農村包囲城市—」『銷售与市場』2月号。
羅建幸（2008）「渠道創新—娃哈哈“連銷体系”的利弊分析—」『経済論壇』第24期，pp.101-103。
李円・賀志剛「納愛斯神話能否延続」『IT経理世界』2004年6月5日，pp.72-74。
林萍（2004）「我国零售業業態形式発展的策略」『閩江学院学報』第25巻4期，pp.14-17。
劉秋玲・張永強（2001）「論大型批発商業向配銷商業的転型」『中国流通経済』第4期，pp.39-42。
「永輝超市引資」『南方都市報』2014年8月14日。
「歩歩高 深耕二三線城市，多業態発展勢頭迅猛」『毎日経済新聞』，2013年3月19日。
「宝潔渠道之変」『知識経済』2005年8月，pp.26-28。
「宝潔，納愛斯終端争奪戦」『第一財経日報』2006年1月4日。
「宝潔公司渠道戦略転変分析及其啓示」『企業活力』2005年第5期。
「渠道平衡—可口可楽“無処不在”的魔法石—」『中国商貿』2004年5月，pp.26-29。
「可口可楽中国営銷戦」『網際商務』2003年第10期，pp.54-59。
「外資零售在華拡張擱浅 向三四線城市延展」『新聞晩報』2013年4月3日。
「電商沖撃成本高企 中国零售業三足鼎立破局」『第一財経日報』2013年12月23日。

第2章 中国大規模小売企業のバイイングパワー問題
―行政的対応による規制の効果と限界―

1 はじめに―消費市場の構造変化―

近年，中国の消費市場は2つの意味で構造的な転換期を迎えている。1つは，消費の主役が1979年改革開放後に生まれた都市部の「80後」(1980年代生まれ)，「90後」(90年代生まれ) と呼ばれる世代へとシフトしてきている点である。

これらはいわば経済成長しか知らない世代であり，節約を旨としてきた70年代以前に生まれた世代に比べて，旺盛な消費意欲をもち，在来市場などのトラディショナルトレードよりもスーパーマーケットやネットショッピングなどのモダントレードを選好するといわれる。しかも，彼ら／彼女らは，1979年以来の「1人っ子政策」を軸とする計画生育政策の下で，父母とその父母（祖父母）によるいわゆる「6ポケッツ」に囲まれて，大事に育てられてきた世代であり，一般に個人主義的考え方をとる傾向が強いという。また，消費意欲が高く，ブランド志向が強い反面で，価格志向も強く，価格交渉や機会主義的行動をとる傾向にあるともいわれる[1)]。

しかし，その反面で「蟻族」と呼ばれる高学歴ワーキングプアの存在に象徴される貧富の格差が，深刻化していることを忘れるべきでない[2)]。いわば現代中国における光と影の問題である。そうした格差は，この間の経済成長の減速傾向の中で，都市と農村の間や大都市と中小都市との間，あるいは都市内や農村内など多様な側面でますます悪化しつつある。このような状況に直面し矛盾を実感しているがゆえに，「90後」やその次の「00後」(2000年代生まれ) はより価格志向を強めるとともに，堅実な消費感を持つようになってきているという[3)]。

もう1つの転換は，急激な少子・高齢社会化である。「1人っ子政策」の直接の目的は人口規模増大の抑制であったが，その当然の帰結として，出生率の低下による人口構造の変動がもたらされ，2013～15年頃に人口が減少に転じると予測されるにいたった[4]。ここで，とりわけ注目すべきなのは，年齢構成の変化である。

『中国統計年鑑』によると，改革開放後初めて行われた1982年人口センサスの時点では，14歳以下の年少人口が全人口の33.6％を占めたのに対して，65歳以上の高齢人口は4.9％に過ぎなかったが，2000年人口センサスでは，年少人口割合が22.9％に低下したのに対して，高齢人口割合は国連の基準で高齢化社会の入り口にあたる７％に達した。そして2010年人口センサスでは，年少人口割合16.6％，高齢人口割合8.9％となり，1990年代初頭の日本の水準に一挙に近づいた。さらに，2025年には国連の基準による高齢社会に突入直前の高齢人口割合13.6％に，2040年には同23.3％に達すると推計されている[5]。

中国政府は，こうした状況に強い危機感を持っており，2013年12月28日，全国人民代表大会常務委員会において，地方政府が立法措置をとれば，「夫婦のどちらかが１人っ子の場合は２人目の出産を認める」との「１人っ子政策」緩和措置を決議した。すでに北京，上海，広東省などで緩和の動きが進んでいる[6]。しかし，その効果が実際に出るには，当然時間がかかる。

中国の小売企業は，このような消費市場における人口構造の変化という長期的要因とともに，人件費や地価・家賃といった経費上昇，あるいはインターネット販売の急成長（第３章参照）などの短・中期的な要因からの影響を受けている。そうした変化を受けて，現在，小売業界において，コミュニティ内の住民を対象にする商業集積（コミュニティ型商業集積）を意味する「社区」型商業集積の開発に対する関心が高まっていることが注目される。中でも，住宅やオフィスと複合的に開発され，小売業のみならず，文化・スポーツ施設，病院，教育機関等を一体化した隣里中心（ネイバーフッドセンターないしコミュニティ・サービスセンター）というタイプの商業集積が焦点になっている[7]。

さらに，もう１つ重要なのは，大規模小売企業の多くがバイイングパワーを背景に構築してきた従来の収益モデルが，政府から変更を迫られている点である。すなわちそれは，メーカーや卸売企業などの供給企業から「入場料」などさまざまな名目で費用を徴収し，それを利益源とするという収益モデルである。中国政府は，大規模小売企業の費用徴収分が，供給企業の販売価格に上乗せされることによって，最終的に物価上昇を招いているとして，費用徴収への規制を強めている。

このように中国の大規模小売企業は長期的要因，短期・中期的要因，政府規制の変化によってビジネスモデル全般の革新を求められている。本章では，それらのうち入場料などの費用徴収にかかわる取引関係に焦点を合わせ，大規模小売企業によるバイイングパワー行使の実態と，それに対する政府の政策的対応について検討することを目的とする。以下では，まず大規模小売企業が仕入れ・販売活動において，どのようにバイイングパワーを行使（場合によっては「濫用」）しているのかについて明らかにする。そのうえで，中国独禁法について概略的に整理し，政府部門の行政的対応として，不公正取引規制を別途整備することが急がれた制度的要因について確認する。そして，実際にどのような行政的対応が実施されてきており，いかなる効果や限界を有しているのかについて検討していく[8)]。

2 バイイングパワーを背景にした取引慣行

2-1　大規模小売企業の成長

欧・米・日において，市場における競争や流通取引関係にかかわるルールは，独占禁止法（独禁法）ないし競争法によって規制されている。中国においても，2008年８月１日に反独占法（以下では独禁法とする）が施行され，市場経済にふさわしい法体系の整備が進んできている。しかし，大規模小売企業による納入業者に対するバイイングパワー行使を始めとする両者の取引関係のあり方については，さまざまな問題が指摘されながらも，独禁法施行後も目立った変化は少ない。

ただし近年，日本の自動車部品メーカー12社による価格カルテルの摘発（2014年８月），ドイツのフォルクスワーゲン及びアメリカのクライスラーによる自動車補修部品の再販売価格拘束の摘発（2014年９月），アメリカのクアルコムによるスマートフォン向け技術に関する市場支配的地位の濫用の摘発（2015年２月）など，欧米日系の大手メーカーを対象にする事件が相次いでいる。これらは習近平指導部による，国内産業保護政策とコンプライアンス重視の姿勢の

図表2-1　中国チェーンストア企業上位10社の変遷

①2004年

順位	企業名	年間売上高（億元）	店舗数
1	百聯集団有限公司	676	5,493
2	国美電器集団	239	227
3	大商集団有限公司	231	120
4	蘇寧電器集団	221	193
5	家楽福（中国）管理咨詢服務有限公司 カルフール（フランス）	162	62
6	北京華聯集団投資控股有限公司	160	70
7	上海永楽家用電器有限公司	158	108
8	蘇果超市有限公司	139	1,345
9	農工商超市（集団）有限公司	137	1,232
10	物美控股集団有限公司	133	608
13	好又多管理咨詢服務（上海）有限公司 ウォルマート（アメリカ）	120	88

②2013年

順位	企業名	年間売上高（億元）	店舗数
1	蘇寧電器集団	1,380	1,626
2	国美電器集団	1,333	1,585
3	華潤万家有限公司	1,004	4,637
	うち：蘇果超市有限公司	339	2,109
4	康成投資(中国)有限公司(大潤発) 台湾・オーシャン（フランス）	801	264
5	沃爾瑪（中国）投資有限公司 ウォルマート（アメリカ）	722	407
6	聯華超市股份有限公司	688	4,600
7	山東省商業集団有限公司	611	575
8	上海友誼集団有限公司	608	45
9	重慶商社（集団）有限公司	603	326
10	百勝餐飲集団中国事業部 KFC（アメリカ）	502	6,000
11	家楽福（中国）管理咨詢服務有限公司 カルフール（フランス）	467	236

出所：中国連鎖経営協会資料により作成。

あらわれとみられている（『日本経済新聞』2015年２月11日）。

それはともかく，大規模小売企業に対する摘発事例がほとんどないのは，後述するように中国の独禁法には，日本の独禁法における「不公正な取引方法の禁止」における「優越的地位の濫用」に相当する条項がないこととも関連している。そのため，大規模小売企業の行為にかかわる問題を「不公正取引」問題として一括し，独禁法とは別の法規制を整備しようとする試みが，中国商務部（“部”は“省”に相当）を中心にして，かねてから行われてきている。

ここで，大規模小売企業の拡大状況について確認しておこう。図表2-1は，2004年から2013年にかけてのチェーンストア上位10社（及び主要外資系小売）の年間売上高と店舗数を対比したものである。この10年間で，上位企業のほとんどが売上高と店舗網を増加させてきていることがわかる。そして，これまでの成長の中心業態となったのは，ハイパーマーケット等の大型スーパー（中国の統計では店舗面積6,000㎡以上）であった[9]。

他方，メーカーや卸売企業などの供給企業は，従来の計画経済のもとでは国営の配給機関に依存してきたため，独自の販売ネットワークを持つことがほとんどなかった。そのため，供給企業は小売企業の販売力に依存せざるを得ず，大規模小売企業のバイイングパワーはどんどん強力になっていった。

2-2　３つの取引慣行

ここで注意すべきは，渡辺・流通経済研究所（2013）でも指摘したように，大規模小売企業と供給企業との以上のようなパワー関係は，小売企業がチェーン・オペレーションをはじめとする経営管理能力を磨く以前に形成されたという点である。そのため，多くの大規模小売企業はそれらの高度化を図るよりも，パワー関係に安易に依拠して自らに有利な取引条件等を供給企業に押し付ける傾向にあった。その結果，2000年代前半には，相互に密接に関連する３つの取引慣行が横行するようになった。後述するように，当時，そうした行為を規制する公的規制は存在しなかったことから，それらは広範に普及，定着していった。

第１にあげられるのは，「入場料」に代表される多様な費用の徴収である。「入場料」は直接には商品の取り扱い手数料を意味しており，アメリカにおけるス

図表2-2　小売企業による費用徴収名目：2005年深圳市の事例

1．商品購入割引	30．カード支払い手数料
2．商品管理費	31．VIPカード費用
3．新店オープン割引	32．ロス補償
4．POP広告および販促物製作費	33．見本処分補償
5．不良品割引	34．粗利益率補償
6．集中支払割引	35．物流費用
7．リベート	36．水道料金
8．目標達成リベート	37．電気料金
9．広告販促費（テレビ，新聞）	38．冷蔵庫リース料金
10．広告販促費（チラシ，ポスター）	39．情報サービス料
11．販促陳列費（ステージ陳列，エンド陳列）	40．新供給業者研修費用
12．祝祭日イベント協力費（元旦，旧正月，メーデー，国慶節，中秋節）	41．年度契約更新料
13．本部周年記念イベント協力費	42．賃借権利金
14．店舗周年記念イベント協力費	43．口座開設費
15．広告用品協力費	44．商品資料変更費用
16．供給業者側販促人員管理費	45．転場費
17．ブランド販促費用	46．新会社開業リハーサル協力
18．バーコード費	47．家電フェスティバル
19．電飾看板・パネル陳列費	48．エアコンフェスティバル
20．品切れ／商品未納／納品不足罰金	49．テレビフェスティバル
21．新商品入場管理費	50．冷蔵庫・洗濯機フェスティバル
22．新店オープン協力費	51．CD・DVDプレーヤー・オーディオ・コンポフェスティバル
23．新店舗改装協力費	52．携帯電話フェスティバル
24．新店舗無料サンプル	53．コンピュータフェスティバル
25．店舗新装協力費	54．デジタル家電フェスティバル
26．新商品販促費	55．台所・浴室小型電化製品フェスティバル
27．販促陳列費（什器）	56．3/15消費者の日販促費
28．倉庫・貯蔵費用	57．既存地域会社の新店オープン協力費
29．印税費	58．既存支店の新装オープン協力費

出所：深圳市供給業者連合会の調査による。

ロッティング・アローワンスに類似している[10]。しかし，中国において一般化している費用徴収は，そうした側面に限定されず，取引に関連して実にさまざまな名目で費用項目を設け，供給企業から徴収するというものである[11]。

2000年代中盤時点で，いかに多様な名目で費用徴収が行われていたかの具体的な例として，図表2-2の深圳市供給業者連合会の調査結果（2005年）を示すことができる。そこでは，2005年に深圳市の小売業者が供給業者から徴収した費用として58項目があげられている[12]。

こうした費用徴収によって，大規模小売企業は最終的に利益を確保することが可能であることから，積極的に価格訴求型プロモーションを展開することになる。逆にいえば，大規模小売企業はリスクを負いながら仕入価格と販売価格の差，つまり売買差益で利益を稼いでいるのではなく，ほぼリスク・フリーの状態で費用徴収によって利益を確保しているといえる。こうした経営方式について，批判的観点から，陳（2009）は食利型経営モデルと，Yong（2007）はチャネル・フィー依存モデルと呼んでいる。

第2にあげられるのは，「覇王契約」と呼ばれるものである。これは，小売企業が自らの責任を軽減ないし免除し，供給業者にのみ負担を強いる契約書を，改定不可，交渉不可という姿勢で一方的に作成し押し付けるというものである。代表的な契約条項として，「仕入価格は小売側が一方的に決定する」，「目標達成リベートは目標に達しなくても供給企業は小売企業に全額支出する」，「小売企業からの商品の返品や交換は自由とする」などがあげられる。

第3は，大規模小売企業から供給企業に対する商品代金の支払い延期問題である。中国では，商品代金の支払いは納入後60日後に設定されるのが一般的というが，それが「帳簿上のトラブル」などを理由にして，期日になっても支払われず延期されたり，場合によっては踏み倒されたりすることが少なからずあるという[13]。

3 バイイングパワー問題と独禁法

3-1 独禁法による市場支配的地位の濫用規制

以上に見てきたような，大規模小売企業のバイイングパワーに基づく取引慣行の行使が社会的に注目されるようになった2000年代後半に，独禁法の制定作業が進められた。しかし，結論を先回りしていえば，中国独禁法はバイイングパワー問題に対処する有効な政策手段になりえていない。その理由を以下で確認していこう。

独禁法は2007年８月全国人民代表大会（全人代）で採択され，2008年８月１日施行された。本法は全８章56条からなり，内容的には「独占的協定の禁止」，「市場支配的地位の濫用の禁止」，「企業結合（事業者集中）の禁止」，「行政権力による競争の排除・制限の禁止」という，４つの禁止規定を柱としている[14)]。なお，中国独禁法を理解する上で重要な論点の１つに，執行権限が既存の政府機関の間で禁止規定の領域ごとに縦割り的に分担されていることがあげられる。すなわち，独禁法の執行指導は，発展改革委員会，工業・情報化部，監察部など14部門のメンバーで構成される独占禁止委員会が行う一方で，具体的な執行業務は，発展改革委員会，商務部，工商管理総局の３部門で分担しており，発展改革委員会は価格独占行為，商務部は事業者集中行為，工商管理総局は独占協定，市場支配的地位の濫用，行政権力を濫用した競争の排除，制限を担当している。

これらのうち，本章が対象とする取引関係の問題に関連が深いのは，工商総局が管轄する「市場支配的地位の濫用の禁止」に関する規定（第17条～第19条）である。その概要は以下の通りである[15)]。

市場支配的地位の濫用の禁止

① 市場において支配的地位を有する事業者は，その地位を濫用して，競争の排除または制限をしてはならない。市場の支配的地位とは「事業者が関連市場において，商品の価格，数量またはその他の取引条件を支配することができる，または他の事業者による関連市場への参入を阻害し，もしくは参入に影響を与えることができる，市場における地位」をさす。

② 具体的な禁止行為

・不公平な高価格での商品販売，低価格での商品購入。

・正当な理由がなく，原価を下回る価格での商品販売，取引先に対する取引拒否，取引先の制限，抱き合わせ販売，不合理な取引条件の付加，取引価格等の差別的待遇等を行うこと。

③ 市場支配的地位の認定は，市場占有率，競争状況，販売市場または原材料調達市場に対する制御力，財政的及び技術的条件，他の事業者の当該事業者に対する取引上の依存度，関連市場への参入の難易度等に基づき判断される。

④ 市場支配的地位を有することの推定

・単独の事業者の市場占有率が2分の1に達している場合

・2つの事業者の市場占有率の合計が3分の2に達している場合

・3つの事業者の市場占有率の合計が4分の3に達している場合

3-2　どのようにバイイングパワーを規制するか？

中国の独禁法は，欧米日の制度や運用状況を参考にしつつ制定された。バイイングパワー問題に関しては，市場支配的地位の濫用の規定が用いられている点で，法律の形式的構成面でEU競争法の影響が認められる[16)]。これを日本の独禁法による規定と比較しながら，その特徴を確認しよう[17)]。

日本の独禁法においてバイイングパワーを規制しているのは，「不公正な取引方法」の「優越的地位の濫用」という規定によってである。ここで注目すべきは，優越的地位の基準である。それは，絶対的な優越性を必要とする基準ではなく，相手（B）が自己（A）と取引せざるを得ない状況にあるなど，一方が他方を抑制し得る関係にあること，すなわちAがBに対して相対的に優越していれば足りるものである。そして，その相対的な優越性は，Aに対するBの取引依存度，Aの市場における地位，取引先変更の可能性，取引対象商品の需給関係などによって判断される。

これに対して中国独禁法では，大規模小売業者のバイイングパワー行使を規制しようとすると，当該小売業者が市場において支配的地位にあることを，市場占有率，競争状況，販売市場または原材料調達市場に対する制御力などの分析に基づいて，認定しなければならない。とりわけ，市場占有率については，

１社で50％超，２社で66.7％超，３社で75％超という，かなり高めのシェア基準が法律で定められていることが特徴的である。ただし，「関連市場定義指針」及びその「細則」，あるいは「市場支配的地位の濫用行為禁止関連規定」といった運用上の諸規則がいまだ検討段階にあること，とくに市場占有率を具体的に確定する際に，関連市場の定義をどのようにするかが明確にされていないことから，実際の法運用のあり方については不透明な部分が残されている。

そのため，市場支配的地位の濫用という枠組みで，大規模小売企業のバイイングパワー規制を機動的かつ柔軟に行っていくのは，現状では難しい状況にあるといえる。そこで，かねてから独禁法とは別の枠組みで行政的対応がなされてきているのである。

4 バイイングパワー問題への行政的対応

4-1　2006年「公正取引管理弁法」の制定

バイイングパワー問題への行政的対応の中心を担ってきたのは商務部であった。商務部は，独禁法とは別の枠組みの独自規制の策定に乗り出し，2006年７月13日，部レベルの行政的規則（弁法）として「小売業者・供給業者公正取引管理弁法」を商務部第７回部務会議において正式採択した。そして，発展改革委員会，公安部，税務総局，工商管理総局の同意のもと，同年11月15日，本弁法は施行された。[18)]

本弁法の目的は，小売業者と供給業者の取引行為を規範化し，公正な取引秩序を守り，消費者の合法的権益を保障することにある。対象とする小売業者は，年間売上高が1,000万元以上の企業等であり，供給業者とは，小売業者に直接商品及び相応するサービスを提供する製造業，代理店，その他仲介業者を含めた企業等をさす。

商務部が，このような独自の弁法制定の方向に突き進んだ背景には，中央官庁間の役割分担にかかわる次のような事情が関連している。すなわち，当時進められていた独禁法の制定作業は，不当競争防止法，価格法，外国投資者による国内企業のM&Aに関する規定などに散在していた規制内容を集約し，新たな内容を追加するかたちで行われていた[19]。その中で，商務部は既存法規の所管との関連で，主として企業結合（M&A等）を管轄することとなり，大規模小売企業のバイイングパワー問題については，市場支配力の濫用の問題として，不当競争防止法を所管する工商総局が主として管轄することとなっていた。しかし，商務部としては，バイイングパワー問題の一部を「不公正な取引行為」と捉え，それらに対処することの重要性を強調し，独自規制を策定することによって，当該問題に関する自らの行政的権限の明確化を図ろうとしたのである。

本弁法の内容，効果，限界については，すでに何度か論じてきているので[20]，ここでは，費用徴収項目の契約書への明文化が進むなど，一定の効果がみられたものの，項目の簡素化，包括化などによって徴収金額がむしろ高額化し，徴収行為そのものが小売業界全般にさらに広く普及したという点を指摘しておきたい。いわゆる「上に政策あれば，下に対策あり」という対応である。こうしたことが可能となる1つの要因としては，弁法という立法レベルの低さゆえに，実効性に制約があることがあげられる。

このような立法上の問題をクリアするために，商務部では弁法を国務院レベルの規則である条例に格上げすることを模索した。2009年9月にはその草案も発表している。だが，条例化は簡単には進まず，その動きは一時停滞した。

4-2　外資系小売企業に対する規制

2011年に入って，商務部の動きがまた活発化した。すなわち，商務部は同年2月，小売企業の業界団体と共同で，製造企業と大規模小売企業との取引関係，とりわけ入場費をめぐる両者の対立関係を緩和させるために，契約内容に関する規定「零供購銷合同規範」を起草すると発表した。

直接のきっかけとなったのは，中糧，預新（康師傅），三九油脂などの製造企業がカルフールの各種の項目費用の徴収に対抗するためにとった出荷停止の措置であり，商務部はこの事件に強い関心を示し，事態改善に向け積極的に取り組む姿勢を鮮明にした。さらに，同年2月17日の記者会見において，商務部のスポークスマンは，全般的なインフレ懸念が強まる中，「大規模小売企業による高額の入場費の徴収が間接に物価の上昇をもたらした」と指摘するとともに，「カルフールの入場費問題の背後には，中国の製造企業が発達し，サービス業が遅れることによって，供給企業が大規模チェーン小売企業に依存してしまっているという問題がある」と産業構造上の問題にまで踏み込んでコメントしている[21)]。

また，この時期，カルフールやウォルマートの店頭における価格表示や品質管理に関する地方政府による摘発も相次いで行われた[22)]。

価格表示については，まず，カルフールに対して，2011年1月，上海市の工商管理部門が次のような通達を発した。カルフールは割引前の定価を偽って表示し，あたかも割引率が高い商品であるかのように偽装する行為や，低価格表示で顧客を引き寄せて実際は高値で販売する行為，まぎらわしい表示で顧客を誘導するなどの行為を行った。こうした価格表示に関する「詐欺行為」をただちに止め，表示価格より高く清算した差額を返却するよう命じるとともに，5万元以上50万元以下の罰金を課した。また，ウォルマートに対しても同様の行為があったと認定し，価格詐欺を行ったことを顧客に陳謝し，精算額が表示価格より高い場合，その差額の5倍にあたる賠償金を支払うと約束させた。さらに，発展改革委員会は，地方の価格主管部門に対して，カルフールやウォルマートなど一部の店舗が実施している一連の詐欺行為を止めさせ，違法所得を没収するとともに，違法所得の5倍にあたる罰金を課すよう通達した[23)]。

品質管理については，重慶のウォルマートの摘発が行われた。重慶のウォルマート3店舗が，低価格の一般の豚肉を「緑色食品」（有機食品）認証の食品と偽装し，高価格で販売した。2011年9月に摘発されるまで，豚肉はすでに1,178.99キロ販売され，4万元あまりの売上げがあった。しかも，同地区のウォルマートは，この問題発生以前にも賞味期限の偽装等によって重慶市政府の摘発を過去5年で20回受けていた。そこで重慶市政府は，同年10月，重慶のウォルマート13店舗に対して15日間の営業停止と罰金269万元を課した[24)]。なお，これを受けて（表向きは個人的事情によるが），同社急成長の立役者であった総裁兼CEOのエド・チャンが辞任した。

こうした一連の事件は，直接的には，カルフールやウォルマートが急成長の中でガバナンスの仕組みを十分整えられなかったことによって発生した面が大きいが，両者の急速な規模拡大に対する業界関係者の懸念を受けて，政府が動いたという側面もあると考えられる。

4-3 「不正な費用徴収行為の整理整頓」の展開

さらに，2011年12月19日，商務部は発展改革委員会，公安部，税務総局，工商管理総局とともに，国務院の許可に基づいて「大規模小売企業の供給企業への不正な費用徴収行為の整理整頓に関する工作方案」を全国の関係機関に通知した[25)]。これは，既定の法律・法規・規定等に基づいて，不正な費用徴収行為を集中的に取り締まるもので，企業側からの自己申告を受けて関係する行政機関が共同調査を実施し，問題が発見されればそれを公開するとともに改善を求め，さらに必要な法整備につなげることを目指していた。当初設定されていた実施期間は，2011年12月26日から2012年５月末までが小売企業の自己申告期間，2012年６月から７月末までが政府５部門の共同調査期間とされていた。

小売企業による自己申告を踏まえた政府５部門による共同調査の中間段階にあたる2012年６月26日，商務部の沈丹陽報道官の定例記者会見において状況報告が行われ，次のことが明らかにされた。この段階で整理整頓の対象とされた小売企業は76社，うち71社は小売企業が自ら申告したもので，不正徴収費用の金額は１億7,700万元に達した。そのうち，33社に販促サービス費徴収の問題があり（１億2,500万元），44社に不正な費用徴収の問題があり（5,200万元），55社に費用徴収項目表記の問題が指摘された。これらに対して，一部の企業は是正措置をとり，徴収した不正費用（6,100万元余り）を供給企業に返却したという[26)]。

「整理整頓」の焦点の１つは，無条件リベートを禁止することにあった。無条件リベートとは，最低販売保証のことで，売上高がいくらであれ，小売企業に必ず支払うリベートをさし，取引慣行として大規模小売企業との取引において定着していた。業界関係者によれば，無条件リベートは取引金額の高い場合で15～20％に達することがあり，大規模小売企業の主要な収入源となっていた。そのため，「整理整頓」における無条件リベートの徴収禁止措置は，小売企業に収益確保への対応を迫った。

さらに，中間段階で費用徴収に関して何の問題もないと申告した小売企業は16社あったが，それらの企業は状況認識の甘さについて政府５部門から批判を受けた。そして，商務部は2012年６月13日に通達を出し，整理整頓の終了期限を2012年６月末から同年９月末に延長し，６月20日から７月末までを第２

次共同調査にあてるとした。[27]

それでは,「整理整頓」によって,不適切な費用徴収は減少したのであろうか。現実は必ずしもそうなっていないようである。例えば,大手乳業メーカーによると,チェーン小売企業の多くが,従来のようにチラシ費,ポスター費,陳列費などの個別費目を設けるのではなく,それらを一括し「販促サービス費」として徴収するようになっているという。その結果,かつては販促サービス費が売上高に占める比率は5%前後であったが,4倍の15~20%を占めるに至っているとのことである。[28] これは特別な事例ではなく,当時広く見られた傾向といえる。

また,費用徴収に便乗して,仕入担当者(バイヤー)が賄賂を受け取ることも少なくない。例えば,商品が初めてあるチェーン小売企業で販売される場合,費用徴収の金額は少ないときは5~6万元,多いときは100万元に達するが,そのうち約半分が仕入担当者個人の懐に入ることがあるという。[29]

こうした中で,内資系小売企業大手の華潤万家が,2012年7月9日,深圳市羅湖市場監督管理局から,「新店販促サービス費」の名目で供給企業より8万5,000元を徴収した行為について,「反不正競争法」違反として罰金10万元を課されるという事件も発生した。[30]

なお,こうした小売企業の対応に対して,第2次共同調査の段階で発展改革委員会が費用徴収のあり方について,次のような考え方を示した。すなわち,小売企業は費用徴収の項目を明確にしなければならず,明確にされていない費用の徴収,及び表記した金額と不一致の徴収は規定違反となる。また,すべての費用徴収に対し,小売企業は必ずそれに相当するサービスを提供しなければならず,当初の約束より少ないサービス提供や,提供しないこと,あるいはサービス提供の記録がない場合,規定違反となる。[31] こうした考え方が,その後の政府の費用徴収問題に対する規範となったが,小売企業の側は摘発を避けるために費用項目の明確化などを図った。まさに「上に政策あれば,下に対策あり」である。

5 むすび

以上，本章では，中国の大規模小売企業のバイイングパワー問題について，政府の行政的規制との関連で検討してきた。バイイングパワー問題の根底には，独特な経営モデルがある。すなわち，それは仕入れと販売の売買差益で利益を稼ぐのではなく，入場費などの費用徴収によって利益を上げる仕組みであり，上述したように「食利型経営モデル」（陳，2009）ないし「チャネル・フィー依存経営モデル」（Yong，2007）などと呼ばれる。

もちろん，すべての小売企業が入場費等を徴収しているわけではないし，すべてのサプライヤーが入場費等を支払っているわけではない。一般的にいえば，大規模小売企業の多くは，P&G，ユニリーバ，コカ・コーラ，ネスレなどの最大手クラスのグローバル・メーカーに対しては，取引交渉上，優位な立場に立つのは難しいものの，それ以外の外資系及び内資系のメーカー，サプライヤーに対しては，取引交渉において優位な立場にあることから，入場料等の費用徴収が可能となっている。

しかし，近年，こうした経営モデルの下では，小売企業は主体的な経営努力をしなくても利益を上げることができることから，経営改善の意欲を喪失させ，小売企業にとって最も重要なマーチャンダイジング能力をむしろ弱体化させることにつながる，といった批判的な見方が徐々に広がりつつある[32)]。また，内資系のスーパーマーケットの中から，プライベートブランドの開発やサプライヤーからの共同仕入，農場からの農産品の直接仕入や直営農場の経営などを強化することによって，入場費に依存しない新たな経営モデルの構築を模索する動きが出てきている。あるいは，北京市を拠点とするリージョナルチェーンの超市発のように，「サプライヤー特約観察員制度」を2010年に設け，自社経営幹部とサプライヤーとの間で取引問題における問題の発見・解決に努める取り組みを強めている小売企業もある[33)]。なお，超市発は「整理整頓」の期間，北京地域で唯一サプライヤーから告発がなかった小売企業という。

このように，中国におけるバイイングパワー問題は，少しずつ改善の方向に向かいつつあるといえる。しかし，それをさらに促進するためには，政府による適切な対応が欠かせない。過去十数年間，中国政府の各主管部門は小売企業の不正な費用徴収行為に対して，さまざまな行政的取り締まりを実施してきた。

しかし，それらは実質的な成果をもたらさず，一方で行政側が違法性の基準を提示すると，企業側は規制回避策で対抗するといった繰り返しであった。

今後も，規制が行政的対応のレベルにとどまると，取り締まる側と取り締まられる側との関係を鑑みても抜本的な変化は期待できそうにない。そのため，独占禁止法における市場支配的地位の濫用に対する運用上の諸規則を始めとする関係諸規定を一刻も早く整備することによって，行政的な取り締まりに頼るのではなく，司法的な判断を積み上げることで，違法性の基準を明確にしていくべきと考える。

[注記]

1) 彼ら／彼女らの意識や行動に関する調査は「90后文化調査報告」を始めとして多数行われている（『中華工商時報』2012年3月23日）。
2) 「蟻族」とは，大学や大学院を卒業したにもかかわらず就職できず，都市の特定地域に寄り添うように集団で生活をしている若者たちのことをさし，廉（2010）によって命名された。
3) 陳立平首都経済貿易大学教授による（2014年11月15日）。
4) 津上俊哉（2013）「中国労働人口，年内に減少へ」『日経ビジネスONLINE』1月7日による。
5) 以上は，厳善平（2013）「中国における少子高齢化とその社会経済への影響―人口センサスに基づく実証分析―」『JRIレビュー』Vol.3, No.4, pp.21-41による。
6) 「日本経済新聞Web刊」2013年12月28日。
7) さらに渡辺（2014）を参照。
8) 筆者は，2005年から2009年にかけて，日本の国際協力機構（JICA）が中国商務部をカウンターパートとして実施した「経済法・企業法整備プロジェクト」の「市場流通関連法サブプロジェクト」の主査として，立法支援事業に参加してきた。そこで，不公平取引に対する法規制のあり方は重要なテーマの1つとなり，中国側の立法担当者や大学等の研究者たちと意見交換する機会を得た。本章の一部はそこで得た知見に基づいている。
9) 大規模小売企業の成長については，渡辺・流通経済研究所（2013），第1章を参照されたい。
10) アメリカにおけるスロッティング・アローワンスは，一般に，製造業者が自らの新商品を定番商品として取り扱ってもらったり，陳列棚に常時並べてもらう際に小売業者から要求される手数料をさしている。さらに，渡辺（2012）を参照されたい。
11) こうした取引慣行は，カルフールが台湾経由で中国市場に参入するに際して「グローバル・ルール」と称して持ち込んだというのが定説であり，それが中国の国営百貨店におけるもともとの場所貸し業的な体質にうまく馴染み，急速に広がったという。この点は，さらに陳（2011）を参照されたい。

12) 市場流通関連法サブプロジェクトの第7次研究会（2009年9月3日，北京）における路政閫氏（商務部市場建設司処長＝当時）の報告資料による。
13) 代金支払い（代金回収）問題は，改革開放の初期段階から問題になっていた行為である。家電業界の事例（製造企業にとっての代金回収問題）は渡邉（2001）に詳しい。
14) 公正取引委員会（2009）には，法執行に関連する諸機関の担当者による解説が掲載されている。
15) 史際春・等（2007），戴（2012）による。
16) 戴（2012）にも同様の指摘がある。
17) 市場支配的地位の濫用に関する規制の趣旨について，独禁法原案作成チームメンバーである盛傑民北京大学法学院教授は次のように述べている。「独占禁止と企業の強大化を進めることとは矛盾しない。禁止しているのは企業の強大化ではなく，弱小へのいじめであり，強くなることに反対するのではなく，支配的地位濫用行為を制限することである。独禁法は競争を支持するのみではなく，独占を支持，保護する面もあるが，その市場支配地位を濫用してはいけない」（ジェトロ北京センター知的財産部，2009, p.8）。
18) 商務部は本弁法と合わせて，小売業者の消費者向け販売促進活動を対象にした「小売業者の販売促進行為管理弁法」を策定している。両者の策定経緯及び内容については，渡辺（2008）を参照。
19) 金（2008）による。
20) 渡辺（2008 ; 2010 ; 2011），渡辺・流通経済研究所（2013）を参照されたい。
21)「商務部正起草零供購銷合同規範化解進場費矛盾」『北京晨報』2011年2月18日による。
22) カルフールについては「派遣社員切り」問題も新聞や雑誌等で批判的にとりあげられている（「家楽福“隠蔽用工”探秘」『新世紀』2011年1月17日）。
23)『Searchina』（http://searchina.ne.jp/）2011年1月30日による。
24)「沃尔瑪假冒緑色豚日道歉　称未渉及北京店面」『北京晨報』2011年9月7日による。
25) 商秩発（2011）485号。
26)「商務部通報清理整頓違規収費工作進展」『法制網』2012年6月26日による。
27)「商務部等五部門部署清理整頓違規収費聯合検査工作」商務部新聞弁公室，2012年5月25日による。
28)「零售商乱収費仍有空可鈷　或首退違規収費」『北京商報』2012年6月27日による。
29)「商務部重拳整頓零售商違規収費」『新快報』2012年4月7日による。
30)「華潤万家向供応商収費被罰10万　商超乱収費名目変身合同内容」『第一財経日報』2012年7月10日による。
31)「清理整頓違規収費漸入尾声　零供博弈無贏家」『中国市場秩序網』2012年7月2日による。
32) 例えば，「謹慎対待“通道費”」『中国商貿』2013年第13期，pp.19-22を参照。
33) 注31参照。

[参考文献]

史際春・等（2007）『反独占法』中国法制出版社。
金堅敏（2008）「動き出した中国の独占禁止法制」富士通総研ウェブサイト，2008年10月6日。
公正取引委員会（2009）公正取引委員会競争政策研究センター第15回公開セミナー，2009年2月13日「中国独占禁止法の概要，運用状況等」議事録。
戴 龍（2012）「中華人民共和国独占禁止法調査報告書（抜粋）」公正取引委員会ウェブサイト。
ジェトロ北京センター知的財産部（2009）『中国独占禁止法の企業経営に与える知財活動・予測と運用策』（平成20年度特許庁委託事業）2009年3月。
陳立平（2009）「小売業“食利型経営模式”」『連采通論』。
陳立平著，渡辺達朗監修，李雪訳（2011）「中国の大規模小売企業における「連営制」の生成と展開―百貨店業態を中心に―」『流通情報』第493号（43巻4号），pp.89-98。
廉 思著，関根謙訳（2010）『蟻族―高学歴ワーキングプアたちの群れ』勉誠出版。
渡辺達朗（2008）「中国における市場流通関連法体系の整備―動向と展望―」『流通情報』第466号，pp.38-53。
渡辺達朗（2010）「中国における大規模小売業者のバイイングパワー規制―『不公正取引』規制をめぐる動向を中心に」『流通情報』第484号（42巻1号），pp.22-32。
渡辺達朗（2011）「中国食品小売業のダイナミズム―チェーン小売企業の動向とバイイングパワー問題を中心に」『流通情報』第490号（43巻1号），pp.8-20。
渡辺達朗（2012）「アメリカにおける価格差別と購買力濫用に対する規制―ロビンソン・パットマン法の実効性をめぐって―」『流通情報』第498号（44巻3号），pp.51-64。
渡辺達朗（2014）「視点　中国で注目される社区型商業集積と隣里中心―コミュニティ型商業集積とネイバーフッドセンター―」『流通情報』第508号（46巻1号），pp.2-3。
渡辺達朗・（公財）流通経済研究所編著（2013）『中国流通のダイナミズム―内需拡大期における内資系企業と外資系企業の競争』白桃書房。
渡邉真理子（2001）「中国家電企業のビジネスモデル」『アジ研ワールド・トレンド』3月号。
Yong Zhen（2007）*Globalization and the Chinese Retailing Revolution: Competing in the World's Largest Emerging Market*, Chandos Publishing.

第3章 中国におけるネット小売とリアル小売のO2O/オムニチャネル戦略の展開
―ビジネスモデル間の競争と融合―

1 はじめに

近年，中国におけるインターネット小売販売の市場規模が急速に拡大している。中国のネット小売市場の成長は，欧米や日本に比べて，そのスピードの速さや，実店舗の展開を主要業務とするリアル小売企業への影響の大きさが際立っているところに特徴がある。欧米日では，リアル小売市場が業界の再編や統合を経て，すでに成熟段階に入った後に，ネット小売市場が成長した。そのため，小売市場全般における主導権は，まだどちらかといえばリアル小売企業の側にあり，ネット小売企業の成長スピードは中国におけるそれに比べ，やや鈍いものとなっている。

他方，中国ではリアル小売企業がまだ発展途上にある中でネット社会へ突入し，ネット人口の急速な増加によるネット小売販売に対する需要の爆発的ともいえる拡大が生じ，ネット小売企業が劇的な成長を見せている。そして，それに対抗してリアル小売企業も，自らネット事業に乗り出すところが少なくない。このように，ネット小売とリアル小売は，直接的な競争関係にある一方で，相互のビジネスモデルを融合させて，いわゆるＯ２Ｏ（Online to Offline，Offline to Online）を始めとするオムニチャネル（全渠道）戦略を展開しつつある[1)]。

その背景には，第２章でも指摘したように，近年の中国では急速に高齢社会化が進展しつつある一方で，改革開放後に生まれ育ち，インターネットに慣れ親しんだ「80後」（1980年代生まれ）及び「90後」（90年代生まれ）世代が消費の主流となり，ネット販売の拡大を支えていることが深く関連している。

本章では，こうしたネット小売企業の成長の実態を確認したうえで，それがリアル小売企業及び小売業界全体にどのような影響を及ぼしているのかを，ネットとリアルという2つのビジネスモデル間の競争と融合という視点から検討していく[2)]。

2 オムニチャネル戦略の展開は何をもたらすか？

オムニチャネル化は，小売企業に品揃えの拡張・総合化をもたらす。というのは，ネット販売においては，品揃えの幅と深さを理論的には無限に拡張することができるからである。こうしたネット販売の特性は，実務レベルから次のような疑問を惹起している[3)]。すなわち，現在のコンビニエンスストア，スーパーマーケット，ハイパーマーケット，百貨店，ショッピングセンターといった業態分類は今後も成立するのか。ネット販売が普及しても，メーカー主導の多地域・多段階のチャネル体制は必要なのか。地域間の乱売問題を抑制することは可能なのか。ネット販売の普及は，リアル店舗を単なる体験するための場所にしてしまうのか。

以上のような疑問は，理論的に捉え直せば，小売業態論の射程にかかわる問題ということができる。この間の小売業態にかかわる研究には，次のような潮流があると指摘されている（高嶋，2007；坂川，2011）。その1つは，技術革新による業態革新，新業態の誕生・確立に注目する潮流で，例えば，革新的経営技術の臨界点として業態を捉える研究（石原，2000），小売イノベーション・モデルを提唱する研究（矢作，2000），業態のメゾ概念としてフォーマットやフォーミュラといった概念を提示する研究（田村，2008；向山，2009；坂川，2011）などがあげられる。もう1つは，消費者の業態・店舗選択行動の視点に基づく潮流である（池尾，2005；新倉・高橋，2013）。

こうした従来の研究は，向山（2009）の枠組みを借りていえば，例えばコンビニエンスストア等といった認識レベルの業態と，その具体的な存在形態（同業態内の戦略グループ等）の発展・進化をいかに捉えるかにかかわり，総合型にせよ専門型にせよ，業態間ないし業態内戦略グループ間の差異に注目するものといえる。とくに，中国・東南アジアを舞台にした研究においては，欧米系やアジアリージョナルの小売企業が[4)]，国・地域・都市ごとの独特な市場環境に合わせて，あるいは同一市場内の所得階層や民族・宗教・分化の違いによってフラグメント化されたセグメントごとに，さまざまなフォーマットないしフォーミュラを開発・出店してきていることに注目してきた。そこでは，いわば小売業態がいっそう分化していくであろうことが，暗黙のうちに前提されているようにさえみえるのである。

しかし，上述したように，ネット小売企業とリアル小売企業との競争と融合によるオムニチャネル戦略の展開は，業態分類の指標とされるいわゆる小売ミックスのうち，少なくとも品揃えの幅と深さの拡張・総合化，及び価格の引き下げによって，従来の小売業態の壁を突き崩し，水平的方向での再編成を進展させつつある。同時に，それは卸売段階と小売段階，さらには物流機能や金融機能などの垂直的方向での統合・再編成をももたらしつつある。

以上のような状況は，従来の小売業態論の考え方の見直しにつながる動きと捉えることができるとともに，欧米日の先行指標としても位置づけられる。ただし，以下では小売業態論の見直しの議論そのものに踏み込むのではなく，その前提として，次の３つの論点を中心に検討していく。

(1) 中国のネット小売企業はどのようなビジネスモデルをつくり，急成長をとげているのか。

(2) リアル小売企業はそれに対応してどのようにネット事業に取り組んでいるのか。

(3) ネット小売とリアル小売との競争と融合はどのように展開しており，それぞれどのような課題を有しているのか。

3 中国のネット小売市場の概況

3-1　ネット小売の急成長

ここで，中国のネット小売市場の全般的状況について整理しておこう。2008年から2013年までの中国におけるネット小売販売総額（中国電子商務研究センター，ただしＢ２ＣだけでなくＣ２Ｃを含む）の拡大状況を，チェーンストア上位100社の売上総額（中国連鎖経営協会）と社会消費財小売総額（中国統計局，ただし小売業及び外食産業の売上額の合計）の推移とともにまとめたの

図表3-1　中国におけるネット小売市場の拡大

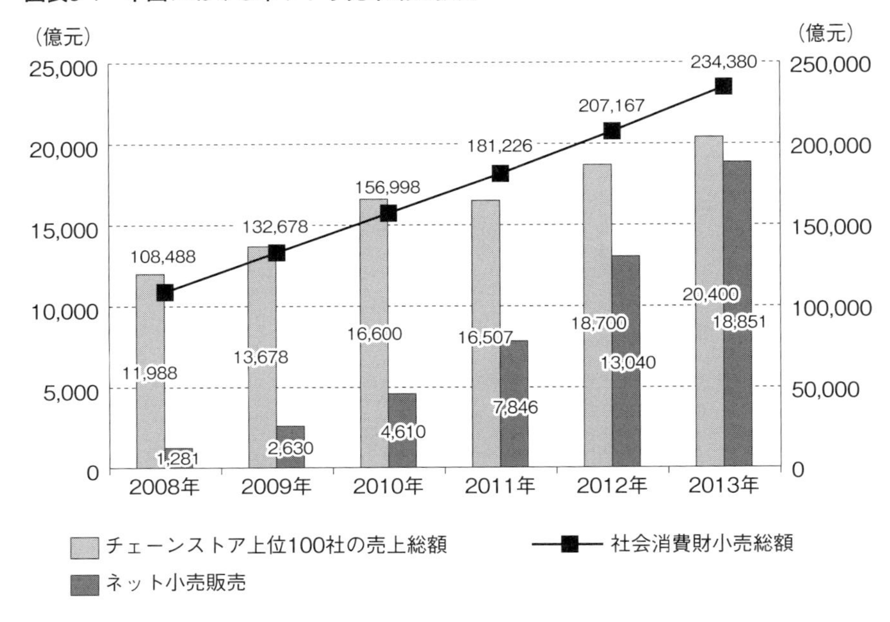

出所：中国電子商務研究センター，中国連鎖経営協会，中国統計局の調査データにより作成。

が，図表3-1である。この間，ネット小売市場の拡大ペースが，リアル小売の代表プレイヤーであるチェーンストア上位100社や社会消費財小売総額の成長ペースを上回っていることが確認できる。

2013年のネット小売の市場規模は，前年比42.8％増の１兆8,851億元（約30兆1,000億円）に達し，社会消費財小売総額（2013年は前年比13.1％増）に占める割合は2003年の0.06％から８％超に急拡大している[5)]。これに対して，2013年の中国チェーンストア上位100社の売上総額は前年比9.9％増の２兆400億元，社会消費財小売総額に占める比率は8.6％と，かろうじてネット小売を上回るにとどまっている。

ちなみに，中国ネット企業最大手のアリババグループは，毎年11月11日（独身の日）にＢ２Ｃサイト天猫とＣ２Ｃサイト淘宝で「双十一」イベントセールを実施しているが，2013年の同日１日のみで売上総額350億1,900万元に達した。これは，チェーンストアランキング13位の永輝超市グループの年間売上（2013

年）に匹敵する規模であった。さらに，2014年には571億元に達し，ついに円換算で１兆円を超えた（１元＝約18.9円）。[6] しかも，モバイル端末からの発注の比率が売上全体の42.6％を占めたことが特徴的であった。

以上によって，中国のネット小売市場規模は日本，アメリカを凌駕するまでになった。日本のネット小売の市場規模（ただしＢ２C-ECのみ）も，この間増加傾向にあるものの，2012年で前年比11.8％増の９兆5,000億円，EC化率（小売業・サービス業の販売総額に占めるＢ２C-ECの販売額の比率）は3.1％であり，[7] 中国の市場規模がいかに大きいかが示唆される。[8]

3-2　急成長の背景的要因

ネット小売の急成長は，ネットユーザーの急増と消費者のライフスタイルや価値観の変化に支えられている。2013年末現在，中国のネットユーザー数は６億1,800万人に達し，このうちモバイルユーザー数は４億6,900万人で，全体の75.9％を占めている。また，1978年の改革開放後に生まれ，市場的な取引関係のもとで成長し，旺盛な消費意欲をもち，インターネットに慣れ親しんだ「80後」及び「90後」世代が，消費生活の主役になりつつあり，ネット小売成長の原動力となっている。

こうした世代の消費者の多くは，一般に価格に対する感度が高いといわれている。中国電子商務研究センター（2013）で言及されている調査データ（2011年実施）においても，ネット小売を選択する理由（単数回答）として，２位の「家まで届けてくれるため便利」（25.7％），３位の「品揃えで選択余地が大きい」（13.1％）を大きく引き離して「実店舗で買うより値段が安い」（48.4％）が１位となっている。逆にいえば，ネット小売は，こうした消費者の価格志向の強さに対応した価格設定を行いやすいビジネスモデルであるがゆえに，消費者の支持を集めているといえよう。ちなみに，中国のネット小売のサイトでは，日本ではまだ普及していないが，消費者とチャット形式で価格交渉ができる窓口の設置が不可欠になっているという。

また，一部の大都市を除いて，都市内公共交通機関を中心とする交通インフラが未整備であるため，消費者のリアル店舗へのアクセスが悪いことも，消費者がネット小売を選好する重要な要因としてあげられる。なお，ネット小売に必要不可欠な宅配システムについて見ると，2013年６月末時点で中国において登録されている物流業者は約70万社，宅配業者は7,500社以上存在し，利益度外視の激しい価格競争が展開されている。その結果，宅配件数の増加にもかかわらず，宅配単価が低下しており，ネット小売市場の成長を後押しする要因となっているという[9)]。

4 中国のネット小売企業の戦略展開

4-1 ネット小売企業のビジネスモデル

次に中国ネット小売Ｂ２Ｃサイトの上位企業について見ていこう。図表3-2は，2012年及び13年の上位10社である。ビジネスモデルで見ると，ネット小売はプラットフォーム型，直営型，直営中心型，垂直型の４つに分けられる。

プラットフォーム型は，ブランドメーカーや代理商，中小テナントなどに出店してもらい，決済や物流，データ分析などをサポートすることによって，サービス費や売上手数料を課金し収益源とするモデルである。１位の天猫

図表3-2 中国B2Cサイトの売上ランキング（2013年）

順位	サイト名	売上高（億元）			取扱商品	ビジネスモデル
		2013年	2012年	増加率（%）		
1	天猫（Tmail）	*2,200.0	*2,000.0	10.0	総合	プラットフォーム型
2	京東	*1,100.0	*601.4	82.9	総合	直営中心型
3	小米	316.0	—	—	携帯電話	直営型
4	蘇寧易購	218.9	183.4	19.4	総合	直営中心型
5	アマゾン中国	*146.0	*104.5	39.7	総合	直営中心型
6	易訊網	*120.0	*68.0	76.5	総合	直営中心型
7	1号店	*115.4	*68.0	69.7	総合	直営中心型
8	唯品会	104.5	*42.9	143.6	総合	直営型
9	QQ網購	*88.5	44.3	99.8	総合	プラットフォーム型
10	凡客	*85.0	*65.4	30.0	総合	垂直型

注：*は公開資料または業界専門家の推定によるおおよその数値。
出所：中国連鎖経営協会（CCFA）の統計に基づき作成。

（Tmall）が典型的なプラットフォーム型Ｂ２Ｃサイトである。プラットフォーム型の場合，出店者の数の増加と範囲の拡大に応じて，品揃えの総合化は比較的容易に推進できる。

直営型は自ら商品の仕入れ・販売から物流・配送まで一貫して行うモデルであり，３位の小米（携帯電話中心の品揃え）や８位の唯品会（総合型品揃え）がこれに該当する。また，直営中心型は直営を基本としながら，部分的にプラットフォーム型を取り入れるモデルである。直営型では品揃え拡張にある程度の制約がかかることがほとんどであるが，プラットフォーム型を取り入れることによって，品揃えが手薄な部分を出店者によって補い，総合化が追求される。２位の京東がこのタイプの国内最大手であり，４位の蘇寧易購は家電量販店の蘇寧雲商が展開するネット小売サイトである。上位10社のうち，外資系は５位のアマゾン中国と，ウォルマートの出資を受けている７位の１号店である。直営型や直営中心型は，取引の流れをコントロールしたり偽物流入を防止するという点ではメリットがあるが，激しい価格競争への対応や，後述する物流・金融システムへの大規模な投資のため，ほとんどの企業で赤字経営が続いている。

さらに，垂直型は自社ブランドで商品の企画からネット販売まで一貫して行うモデルであり，10位の凡客（総合型品揃え）が該当する。

4-2　事業展開上の課題

ネット小売事業の展開には，品揃え，価格，物流，決済，顧客体験という５つの側面への対応が重要であるといわれる。例えば，株式上場や資金調達時のネット小売企業に対する評価指標として，利益以上に，サイトの訪問数や取引規模が重視される傾向にあるが，それらは上記５側面のあり方から直接影響を受けているという[10)]。そのため，多くのネット小売企業はデジタル製品や書籍，アパレル製品などから日用品，加工食品，さらには生鮮食品へと品揃えを拡充し[11)]，赤字覚悟で低価格化や大規模な販促活動を図る一方で[12)]，物流や決済の利便性を高めるシステムを導入することによって，サイトの訪問数と取引規模を拡大し，競争上優位な立場を獲得する戦略をとっている[13)]。

なお，ネット小売において価格競争が熾烈化しやすい要因の１つに，税制の問題が指摘されている。すなわち，ネット小売のプラットフォームに出店する店舗の多くは個人事業者であるが，従来の中国税法では，ネット販売企業に対する特別な納税規定が定められていないこともあって，政府の工商管理部門に届け出をせず，納税を逃れている事業者が多い。この点が小規模な個人事業者による低価格販売を可能にする要因の１つになっているというのである。[14)]

ただし，2014年３月15日，従来適用されてきた暫定弁法が改訂され，「インターネット取引管理弁法」（国家工商行政管理総局所管）が施行され，インターネットで商品・サービスの取引を行う企業は，原則として工商管理部門に登録を行い，行政の許可を得るとともに，利用者の個人情報保護やアフターサービスの実施，７日間の無条件返品への対応（生鮮品等は除く），反不正競争法の遵守などが義務づけられることとなった（納税義務については明記されていない）。[15)] これはネット販売企業のコスト構造に影響することから，価格競争のあり方も変化する可能性がある。

4-3　上位企業の事業展開

ここでは，中国の上位ネット小売企業として天猫（Tmall），京東，１号店の事業展開について，簡単に整理しておこう。

① 天猫

天猫は，アリババグループ（本社は浙江省）が自社のＣ２Ｃサイト淘宝網が急成長する過程で偽物が氾濫するようになったことを契機に，2008年４月，信頼性の高い総合的品揃えのプラットフォーム型Ｂ２Ｃサイトとしてスタートさせたものである（もともとの名称は淘宝商城で2012年１月改称）。[16)] 2013年の売上高は約2,200億元，ユーザー数は約４億人，約５万店が出店している。

アリババでは，電子商取引を１つの社会的な仕組みとして位置づけ，決済・金融サービスや物流・配送システムなどのインフラ整備に早期から取り組んできた。前者については，2003年10月オンライン決済サービス「支付宝」（alipay）の提供開始，2011年５月サードパーティ決済ライセンスの取得，[17)] 2007年６月中国建設銀行及び中国工商銀行と提携し中小規模の出店企業向け融資支援サービスの提供開始などがあげられる。後者については，2011年１月に物流企業等との提携により，中国全土へ８時間以内配送の実現をめざす1,000億元の物流投資計画を発表する一方，2012年５月以降，順豊，申通，円通など９社の宅配企業と提携し，「次日達」（翌日配送）サービスなどに取り組んでいる。[18)]

また，アリババはグループ全体でモバイル端末の活用強化に取り組んでいる。[19)] 例えば，モバイル端末ユーザーには「優先購入」，「専用買物券」，「Ｔ４宝箱」，「Ｔ４専用ページ」などの特別なサービスを用意し，「双十一」イベントではモバイルサイトの淘宝，微博，UC，優酷，高徳地図などを活用した。2014年第３四半期の財務レポートでは，モバイル端末による売上高は1,990億5,400万元に達し，全体の35.8％を占めた報告されている。

さらに，天猫はＯ２Ｏによるネットとリアルの融合にも積極的に取り組んでいる。2012年10月，天猫物流事業部は「天猫社区服務站」（コミュニティサービス拠点）をコンビニエンスストアやマンションの管理室などに設け，荷物の受け取り及び保管サービスの提供を開始している（当初の拠点数は北京700，上海957，杭州265，嘉興130，合肥103，広東地域の深圳，広州，東莞で310）。[20)] また，アリババはグループ全体でＯ２Ｏイベントを開催しており，北京，上海，広州，杭州，天津，武漢，南京，成都，西安，長沙など33都市にある28の百貨店グループの317店舗が参加し，百貨店との商品，会員，決済等の提携によって顧客にＯ２Ｏの新たな買物体験の提供を図っている。[21)]

② 京東

京東は，本社を北京におく中国最大の直営中心型Ｂ２Ｃサイトである。もともと光磁気ディスクの卸売販売からスタート（1998年６月）した会社であることもあって，2004年１月に商品の仕入れ，販売，物流を一貫して行う直営型Ｂ２Ｃサイト京東多媒体網を開設した際にはデジタル製品中心の品揃えであった。その後，大型家電（2008年６月），書籍（2010年11月），医薬品（2011年７月）などを直営で取り扱うようになり，さらに2010年12月にはプラットフォーム型を取り入れブランドメーカーや代理商に出店してもらうことによって品揃えの総合化を図った。また，2010年10月にはサードパーティ決済ライセンスを取得している。

2013年の売上高は，まだ天猫との差は大きいものの1,000億元を突破し，前年の601億元強から大きく増加している。ユーザー数は2013年４月に１億人を突破し，そのうち25～35歳の顧客層が全体の56％を占めている。出店者数は，2014年３月現在で約２万9,000社，取り扱い品目数は4,000万SKUに達している。なお，2014年５月22日には米ナスダック市場への上場を果たしている。

物流システムの側面について見ると，天猫が物流会社との提携に注力しているのとは対照的に，京東は自社物流システムの整備に力を入れている。2009年１月から全国的物流体制の構築をスタートし，配送スピードやサービス水準の強化を図ってきているが，2013年１月からは約80～100億元の大規模な物流投資計画に着手している。京東の物流体制は出荷元の１級物流センターから，２級物流センター，市内配送所の３段階で構成されており，2013年１月の計画では５年後の目標として，当時６つの１級センターを10か所に，同12の２級センターを80か所に，同287の市内配送所を2,500から3,000か所に強化することが掲げられた（2014年５月現在で順に７，86，1,620か所）。なお，2013年の売上高に占める物流コストの割合は5.8％という。

そして，2014年には「双十一」イベント前に，上海で「アジア１級」物流センターを稼働させた。このセンターは，仕分けエリアで１時間あたり１万6,000件の処理能力を有し，誤差率は0.01％の水準にある。華南地域でも「アジア１級」物流センターの第１期工事が竣工し2014年末に稼働することになっている（全体の竣工は2019年予定）[22]。

また，京東ではＯ２Ｏにも積極的な取り組みを見せ始めており，2013年11月，山西省のコンビニエンスストア太原唐久便利と提携し，店頭での注文商品の受け取りなどに着手している。

③ １号店

１号店は上海を拠点とする中国最初のネットスーパーで，ウォルマート（アメリカ）が2011年５月に17.7％，さらに2012年10月に33.6％の株式を取得し，持株比率を51.3％として過半数を握っている。2013年度の売上規模は前年比約70％増の115億元に達しており，ネット小売全体では７位，ネットスーパーとしては最大である。ユーザー数は約3,000万人で，そのうちモバイルユーザーは北京や上海を中心に約700万人にのぼる。直営中心型のモデルで，食品や日用雑貨，デジタル製品など約150万品目の商品を取り扱う。

2013年からは「１号生鮮」として生鮮食品の直営での取り扱いを上海，北京（冷蔵食品を含む)，広州，深圳において開始している。品揃えは，果物から始め，野菜，冷凍･冷蔵食品まで徐々に拡大してきた。2014年10月中旬には，従来の「１号生鮮」とテナントとを統合した「活色生鮮」として生鮮販売サイトを上海と北京で再オープンさせた。サプライヤーは長年ウォルマートと取引してきた業者が多く，品質や価格の面で協力を得ており，取引開始時の審査，商品入荷時の検品，在庫保管・配送管理，アフターサービス・追跡の４つの段階で監督管理を実施し，規定違反のサプライヤーには罰則を適用するといった「４＋１」モデルを構築している。

物流については，統一した入荷基準と出荷再検品制度を設け，仕分け，包装，配送の全過程でチルド管理を実施している。果物については，農園・農場からの直仕入方式を採用している。顧客への配送については，市内24時間以内配達，郊外48時間以内配達を実現するために３PLとして物流業者を活用しているが，将来自社物流システムを採用することを検討している。[23)]

Ｏ２Ｏへの取り組みも積極化しており，2014年７月にはファミリーマートと提携し，上海の300店舗において，１号店で注文した商品の受け取りを可能にした。ちなみに，ウォルマートにおいては，2014年５月からレジ通過後に配送先等を登録すれば（午後４時前に登録した場合は当日配送），無料で配送するサービスを中国内の全店舗に拡大している。さらに，2014年後半から，直営の品目を中心に，主に２～３級都市の小売チェーン（例えば山西美特好）への卸売販売を開始している。取引先の選定基準は，地域において店舗を持ち，月間仕入量10万元以上となっている。１号店としては，ネット小売として２～３級都市の市場開拓を直接行うには限界があることから，現地のリアル小売経由での販売を選択したものとみられる。[24)]

5 リアル小売企業のネット事業への取り組み

5-1　リアル小売によるネット事業の展開

これまで見てきたようなネット小売企業からの攻勢を受けて，リアル小売企業は戦略的対応を余儀なくされている。リアル小売企業の多くは，家賃や人件費などのコスト上昇に直面する一方で，入場料，委託販売，支払遅延などといった，これまで収益源としてきた独特な商慣行が，政府からの改善指導等によって通用しにくくなってきている[25)]。こうした中で，Ｏ２Ｏあるいはオムニチャネル戦略の導入による新しい経営モデルの構築をめざしつつある。

2012年２月，中国政府商務部は「小売業の発展を促進する指導意見」において，ネット小売市場の発展及び大規模小売企業によるネット小売事業の展開を促進することを明らかにした。チェーンストア上位100社のうち，ネット事業を展開する企業は2008年の14社から，12年には62社となった。この62社のネット事業の売上総額は約300億元で，上位100社の売上合計の約1.6％に過ぎない。上位３社は蘇寧易購（売上高183億3,600万元），国美在線（同44億1,021万元），銀泰網（同約６億元）で，３社合計で62社のネット事業売上総額の８割近くを占め，他のチェーンストアの売上は低水準にとどまった。

さらに，2013年にネット事業を展開する企業は５社増え，67社となった。この67社を対象に中国連鎖経営協会がアンケート調査を実施している。その結果はおおむね次の通りであり，チェーンストアのネット事業への取り組みは，いまだ離陸したばかりの状況にあることがわかる[26)]。

すなわち，全体の40％はネット事業の売上高が500万元以下，16％は500～1,000万元，１億元を超えたのは12％にとどまる。ネット事業の売上高が全体の５％以上を占める企業は87％で，１日あたりの注文数では，42％が100注文以下，26％が100～500注文という。

また，全体の82％が自らプラットフォームを構築してネット事業を展開しており，そのうち半分が自社サイトのみの展開，32％が自社サイトに加え，総合通販サイトにも出店している。これに対して，全体の18％は総合通販サイトへの出店にのみとなっている。

投資額について見ると，500万元以内が全体の約50％，2,000万元以内では約80％となり，１億元を超えるのは６％に過ぎない。

従業員について見ると，全体の36％がネット事業担当人員10人以下，26％が10～30人にとどまっている。また，全体の78％がネット事業を展開する技術やマネジメント人材の欠如を課題としてあげている。

展開地域については，全体の約７割が実店舗がカバーする地域中心の展開であり，全国市場でネット事業を展開しているのは29％に過ぎない。

取扱品目については，全体の53％が3,000品目以下，22％が1,000品目以下となっている。

中国連鎖経営協会は，主要百貨店50社に対してもアンケート調査を実施している。その結果，36社がいわゆるショールーミング化によって単なる「試着室」にならないよう，ネット事業によるＯ２Ｏ戦略を展開しており，その多くが自らプラットフォームを構築していることがわかった。

全般的に見て，ネット事業においても商品の同質化が進んでいることから，リアル小売各社は食品，とくに生鮮食品を強化することによって差別化を図ろうとしている。例えば，大潤発，歩歩高，新合作常客隆，長江汇泉などの有力チェーンストアがネット事業に乗り出してきているが，ネット上の品揃えをリアル店舗のように充実させることができておらず，価格の優位性も築けていない。それに対して，コンビニエンスストアは，ネット販売の自社プラットフォームを構築した企業も一部あるが（全購便利など），多くはネット通販大手企業と提携してＯ２Ｏ戦略を展開する道を選択している。

5-2　蘇寧雲商のオムニチャネル戦略

こうしたリアル小売のうち，ネット事業に最も積極的に取り組んでいるのが，チェーンストア売上トップの蘇寧である。

蘇寧は，1990年にエアコンの代理商として南京で創業し，1998年に総合家電量販店として全国にチェーン展開を開始した。2004年７月には深圳証券取引所に上場を果たし，中国チェーンストアランキング１位の座を固め，2010年１月にはＢ２Ｃサイト蘇寧易購網（www.suning.com）をオープンさせた。そして，2012年に食品，日用品，書籍などの調達センターを設け，新しいカテゴリーの商品調達を強化するなど，物流センターの建設を中心とする約100億元の投資計画に着手した。また，子会社の易付宝がサードパーティ決済ライセンスを取得することによって金融事業も強化するとともに，同年12月には，中小サプライヤーとの取引増に対応して，重慶に金融子会社の重慶蘇寧小額貸款有限公司を設立し，取引先を資金面でサポートする体制を整えた。

さらに，2013年２月には「ウォルマート＋アマゾン」を目標に掲げて，社名を蘇寧雲商（クラウドビジネスの意）へと変更し，電子商取引（直営型＋プラットフォーム)・物流・金融事業の強化による「超電器化」戦略を加速させる方針を発表した。こうして大型家電や３Ｃ製品を中心とした品揃えから，食品・日用品の割合を高め，直営中心型の総合的品揃えのサイトへの転換が強力に推進された[27)]。その結果，取扱品目数は2011年初頭の約10万SKUから，2012年末には約120万SKUに拡張された。

このように幅広く品揃えした商品を迅速に配送するために，上述のように物流システムの整備を進めてきている。その結果，2013年12月末時点で，12の自動仕分けセンター，60の大型物流基地（うち稼働19，建設中17，残りは土地確保），5,000以上の都市配送拠点，１万台以上の配送車両，５万人の配送人員を抱え，中国全土2,800県をカバーするに至っている。

同時に，「一体両翼」のネット戦略を掲げ，「店商＋電商＋小売サービス商」というオムニチャネル型のＯ２Ｏビジネスモデルの構築に着手している。そのため，オンラインとオフラインとの間の組織の壁，価格の壁，商品の壁をなくし，商品，価格，販売促進，サービス，支払いの５つの側面についてチャネル間の統一を実現することによって，両者の高度な融合と協働を図っている。例えば価格については，2013年６月８日から蘇寧雲商傘下の蘇寧，楽購仕（LAOX）等の各店舗と蘇寧易購の販売価格は同一とされている。

これに伴って，リアルの店舗網については，Ｏ２Ｏ型の体験重視店舗への転換（顧客体験の壁をなくす）が図られている。これは，消費者の買物体験を次の３つのレベルで革新しようとするものである。すなわち，第１は時間と空間の隔たりをなくし，いつでもどこでも買い物できるという「全局体験」であり，第２は購入前，購入中，購入後の全体の流れでの消費者の体験を意味する「全域体験」で，現金，カード，携帯やネットでの支払いなど多様な支払方法の提供や，自宅配送，店舗での受取，指定場所での受取など多様な配送方法の提供などが含まれる。第３は消費者が情報を容易かつ迅速に入手できるようにし，便利かつ迅速に購入できるようにするという「 全需（ニーズ）体験」である[28)]。

こうした考え方に基づいて，2012年９月から，主として１～２級都市において，技術・豊富・容易・ファッションをコンセプトにするExpo旗艦店の展開をスタートさせている。その取扱品目は，３Ｃ製品，家電，食品，日用品，書籍など17カテゴリー，10万SKU，展示品40万アイテムに及んでいる。さらに，2013年12月からは，インターネット1.0店舗として，体験・サービス・レジャーなどの機能を融合させるとともに，易購直販，仮想陳列棚，QRコードなどの売場を持つサイトを開設した。こうして，配送，アフターサービス，顧客サービスなどにおいて，オンラインとオフラインで統一したシステムで運営されるようになった。

しかし，新戦略の展開は必ずしも順調には進まなかった。2013年12月期決算において，蘇寧雲商のネット事業の売上高は前期比43.9％増の218億9,000万元に達し，全体の売上高1,052億9,000万元の20.8％を占めるまでに成長した。しかし，全体の売上高の伸び率は前年比7.2％増にとどまり，純利益は3億7,200万元と前年比86.1％減となった。こうした業績低迷の要因としては，ネットとリアルの同一価格戦略による粗利益率の低下，上述した物流システム，及びショールーミング化に対応する新型の体験重視型店舗への投資増などがあげられる。リアル店舗については，中国全土で不採算店176店を閉鎖し1,585店となったが，2014年中に約200店の新設を進めた（13年は97店）。[29]

その結果，2014年第3四半期に，蘇寧雲商の売上高は前年同期比15.9％増の285億2,200万元に達し，そのうちネット販売の売上高は前年同期比52.3％増の84億6,400万元となった。ネット販売の急伸はティシュ，粉ミルクなどの単品ベースのプロモーションによるところが大きく，4,000万個のトイレットペーパー，3,000万個の生理用品，300万枚のマスク，500万本の粉ミルク，100万箱の牛乳を販売する一方，ビッグデータ分析により顧客に推奨商品を提起しロイヤルティ向上を図った。他方，リアル店舗では，さまざまな体験サービスを提供する等のＯ２Ｏ戦略を展開し，会員数は1億5,500万人に達した。また，物流の側面では「速達便」，「半日達」，「1日3回配達」などを実現するとともに，白い手袋とゴミ持ち帰りなどに象徴される顧客サービスの高度化を図った。[30]

5-3 その他の小売企業の動向

その他のリアル小売を見ると，家電量販店として蘇寧のライバルであった国美の動向が注目される。北京で創業し順調に規模拡大してきた国美は，2008年に創業者の不正が発覚して以降，経営が混乱し業績を落としていた。しかし，2013年12月期の決算で次のように業績の回復傾向がみられた。すなわち，不採算店を126店閉鎖するなどコスト削減を進めた結果，粗利益率を1.7ポイント改善させ18.4％とし（蘇寧の同期実績は15.4％），最終損益は前年が７億2,800万元の赤字であったのに対して，売上高564億元で８億9,200万元の黒字を計上したというのである。

こうした中で，国美もＢ２Ｃサイト国美在線を開設しネット事業に取り組んできている。しかし，蘇寧のような積極的なオムニチャネル戦略を採用しているわけではなく，ネット小売の売上高比率を現在の５％未満から３～５年以内に10％に引き上げるという，漸進的な目標を掲げるにとどまっている。[31)]

2014年に入って，国美は物流サービス水準の向上を図っており，11月６日から「計時達」サービスを始めた。これは一番の競争相手として意識している京東より「少し早い」を訴求するもので，正午までに注文すれば当日20時前までに配達，14時までに注文すれば当日22時前までに配達，深夜０時までに注文すれば翌日14時までに配達するというサービスである。カウントダウン機能によって顧客は随時配達状況を確認できる。配達地域は，全国の１～４級都市などに及び，大型商品については120都市に配達可能とした。[32)]

また，主としてハイパーマーケットやスーパーマーケットを展開する小売企業によるネット事業の展開は，ようやく本格化し始めた段階にある。上述したように，内資系のネット事業は，基本的に既存の店舗網があるローカルエリアでの展開にとどまる傾向にある一方，全国展開している外資系は出店の多い地域から徐々に全国に広げる戦略をとっている。

内資系のうち，歩歩高，大潤発，王府井はすでに１億元の資金をネット事業に投資したという。このうち歩歩高は，2014年10月29日，携帯アプリ中心の展開をめざすネット通販サイト「云猴網」をオープンし，Ｏ２Ｏ戦略を本格化させた（目標として2020年までに売上規模1,500億元を掲げた）。このサイトは会員，電子商取引，物流，コンビニ（商品の受け取り窓口），決済の５つのプラットフォームで構成され，すでに数千店のテナントを確保したという。[33)]

また，永輝超市はスマートフォンアプリによるＯ２Ｏの実験的な取り組みとして，永輝微店を福建省の数店舗からスタートさせている。さらに，パーソナルケアストアのワトソンズはネット小売の強化方針を打ち出しており，独自商品を持つ強みを生かして，自社の直営サイトに加えて，天猫などネット事業者のサイトにも出店を開始している。

これに対して，大手物流企業の順豊は「順豊嘿客」という仮想コンビニエンスストアをオープンした。1店あたりの売場面積は約20㎡で，食用油など一部特売商品は実物が陳列されているが，基本的には壁に生鮮・酒類などの食品，携帯などの家電製品や雑貨のポスターが掲示されているのみで，パソコンや携帯からネットで注文する仕組みになっている。商品は店舗に配達され，もし気に入らなければ，その場で返品や交換が可能という。店舗コストが低いことから，出店スピードが非常に早く，4カ月で約4億元を投資して若者が多く住む住宅地周辺に2,232店舗を展開したという[34)]。

6 ネットとリアルとの競争と融合

6-1　品揃えの拡張・総合化

以上に見てきたように，ネット小売とリアル小売のO２O／オムニチャネル戦略の展開を軸とした競争は，次第に両者のビジネスモデルの違いの縮小・融合をもたらしつつある。そうした中で，競争優位構築のカギを握るのは，①品揃えの幅と深さの拡充，②全国的物流体制の整備，③決済や金融事業の展開，④顧客サービスの充実，⑤販促イベントと価格競争によるシェア争奪である。

これらのうち，①はネット小売のプラットフォーム型が最も得意とするところであり，リアル小売や直営（中心）型にとって，プラットフォーム型への競争対抗上，最も急いで対応が求められている課題といえる。それは，直営（中心）型やリアル小売のネット事業にとって，一定の範囲の領域に専門特化することによって，規模と範囲の経済性を発揮し効率性を達成するという従来のビジネスモデルを，水平方向へ拡張することを意味する。

これをいいかえると次のようになる。品揃えの幅と深さを部門数，カテゴリー数，アイテム数の変数として理解すると，リアルな店舗空間の制約の下における専門化は，一定の部門・カテゴリー数の下でアイテム数を増やす方向で実現され，総合化は部門・カテゴリー数を拡張する一方でカテゴリー内のアイテム数は抑制するという方向で実現される。その意味で，リアルの世界では専門化と総合化はトレードオフの関係にあるといえる。だが，リアルな店舗空間の制約がはずれたバーチャルな空間では，部門数の増加，部門内カテゴリー数の増加，カテゴリー内アイテム数の増加を比較的容易に行うことができる。

そのため，リアル小売はネット事業への直営プラス・プラットフォーム型での参入によって，直営型ネット小売はプラットフォーム型の部分導入によって，品揃えの水平的拡張・総合化を実現することができ，プラットフォーム型のネット小売に対抗することになる。

6-2　水平的拡張と垂直的（準）統合

ここで問題となるのは，いたずらな品揃えの水平的拡張・総合化は，当然，商品の調達・受注・仕分け・出荷・配送等の物流まわりのオペレーション・コストと，代金の請求・決済等の金融まわりのオペレーション・コストを著しく増加させることにつながり，収益性悪化のリスクを高めることである。

そこで，①の水平的拡張・総合化を効率的に実現するために，②や③が図られる。つまり，効率的な物流システムと信頼性の高い決済・支払いシステム等を構築することによって，配送リードタイムの短縮（当日・翌日配送等への対応）や誤配率の引き下げによる在庫回転率の引き上げ，及び確実な決済・代金回収を実現することによって，オペレーション・コストを引き下げ，収益性の改善を図るわけである。これを３次元の立方体を用いて概念的に整理したのが，図表3-3である。

しかし，②や③の実現にあたっては，現在の中国にネット事業者が必要とするサービス水準を提供できる物流業者や金融業者が必ずしも十分存在しないという問題がある。そのため，外部事業者をそのまま活用（市場取引）ないし統合すると，効率性の悪化や顧客サービス水準の低下を招くリスクが高い一方，外部事業者の業務遂行能力が向上するのを待っていては，競合他社に後れをとってしまうかもしれない。

そのための１つの方策として，既存事業者を準統合（提携・組織化）して，教育・研修等の知識移転・共有を通じてサービス水準の向上を図るということが考えられる。いわば育成型準統合である。しかし，それによって既存事業者が物的資産や市場知識などを蓄積すると，かれらの経営資源の拡大や交渉力の上昇をもたらし，自らにホールドアップ問題を招く危険性が生じる。

もう１つの方策として，小売自ら物流事業や金融事業に参入し，それらの機

図表3-3　品揃えの水平的拡張・総合化の方向

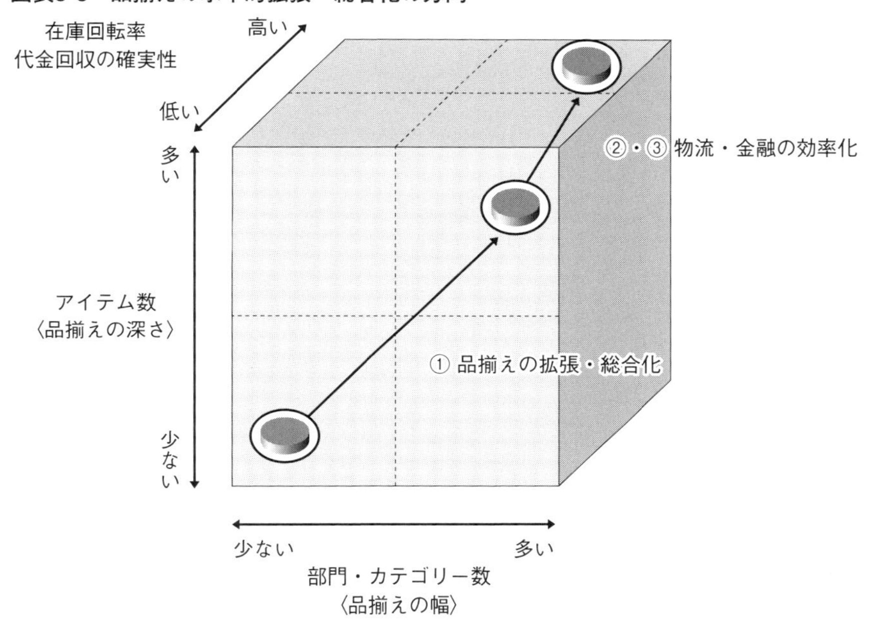

能を内部にとりこんだ統合型チャネルを構築する方法，すなわち構築型統合を選択することも考えられる。こうした展開は，Porter and Livesay（1971）やChandler（1977）が経営史研究で明らかにしてきた経緯とも一致する面が多い。

だが，これらの両事業に関する垂直的な（準）統合は，構築型統合であればもちろん，育成型準統合であっても，大規模投資を必要とする。とりわけ，物流事業は敷地や施設といった固定費及び人件費がより多くかかるため，焦点は物流事業にあるといっても過言ではなかろう。そのため，それらは急成長軌道に乗る前のハードルとして立ちはだかることになる。

6-3　物流事業と金融事業への取り組み

こうした垂直的な（準）統合による物流事業や金融事業の展開は，競争優位構築のチャンスとして捉えることもできる。物流網の構築により，物流コストの削減や迅速な配送サービスの提供が可能となり，競争力を高めることができる。また，金融サービスの提供は，価格競争による赤字体質から脱却し，収益確保のための重要な一環となる。

だからこそ，上述のように，天猫は物流事業については外部事業者を選別して提携する道を，金融事業についてはオンライン決済サービス支付宝を自社事業として取り組むとともに，サードバーティ決済ライセンスを取得している。これに対して，京東，一号店，及び蘇寧は自社物流システムにより全国的配送網の構築に取り組むとともに，金融事業面ではサードパーティ決済ライセンスを取得している。

以上のような水平的拡張と垂直的（準）統合のハードルを乗り越えつつ取り組まれるのが，上述の④顧客サービスの充実と，⑤販促イベントと価格競争である。これらも大きな資金を必要とすることはいうまでもない。つまり，中国におけるネット事業は，巨大な資金力を背景に持つ企業でないと遂行できない状況にあるのである。

こうした状況は，ネットビジネスの世界的な傾向と共通している。アマゾンは創業以来，利益のほとんどを物流システムなどのインフラ整備への先行投資に振り向けてきていること，すなわち物流事業の垂直統合を推進していることはよく知られている事実である。とくに2009年以降，売上規模で見ると驚異的な成長をとげてきているにもかかわらず，配当はいっさい行わず，利益を投資にまわし続けてきた結果，純損益は毎年ほぼ同程度の赤字を記録している。2013年の第３四半期決算では，売上高は前年同期の138億ドルを大きく上回る171億ドルに達したものの，純損益はマイナス4,100万ドルを記録した。重要なことは，それでも株式市場はネットビジネスの特徴と将来性を理解し，高い評価を下してきているという点である[35)]。

ちなみに，日本では，従来，物流に対する投資をほとんど行ってこなかった楽天が，2010年３月に楽天物流を100％出資で設立し，物流インフラの整備に乗り出した。これは，出店者を楽天物流のセンターを経て消費者につなぐＢ２Ｂ２Ｃの物流プラットフォームである。しかし，楽天物流は2013年12月期決算時点で，64億1,900万円の売上高に対して，物流インフラ等への巨額の先行投資のゆえに，38億6,800万円の営業赤字を計上し，53億7,500万円の債務超過に陥っていた。その後，楽天物流は2014年２月には稼働したばかりの千葉県柏の物流センターを閉鎖するとともに，予定していた新センター建設計画を撤回し，さらに同年7月1日に楽天が楽天物流を吸収合併するに至ったという[36)]。これは，アマゾンが推進している垂直統合の方向とは逆方向への方針転換といえ，今後の動向が注目されるところである。

7 むすび―小売業態の「壁」を超えた再編成―

以上，本章では，中国のネット小売の急成長を支えるビジネスモデルの特徴と，リアル小売の対抗戦略について検討したうえで，O2Oを始めとするオムニチャネル戦略の展開に注目しながら，両者の競争と融合の状況について明らかにしてきた。そうした中で，競争優位を獲得しようする企業は，品揃えの水平的拡張と物流・金融機能などの垂直統合の双方に取り組む一方，価格競争を積極的に仕掛けていることがわかった。

こうした事態の進展は，これまで流通技術や取引慣行などの制約から小売業態を隔てていた壁を―小売ミックスのうちの少なくとも品揃えの幅と深さ，及び価格設定という指標を中心に―突き崩す方向に作用する。そうした傾向は，日本においても消費者の買い物行動調査に基づいて，流通チャネル境界の拡張や曖昧化としてすでに指摘されているところであるが[37)]，中国においては，リアル小売が未成熟な状況にあることもあって，よりドラスティックに進展しているところに特徴がある。

また，中国市場の地理的な特殊性も影響していよう。すなわち，広大な国土にフラグメント的に異質な消費市場が広がる一方で，交通・物流インフラが未整備という環境条件が，消費者の店舗へのアクセス・コストを高くするとともに，メーカー等の供給企業の店舗・物流センターへの配送コストも高くする。こうしたことは，中国がネット小売にとって競争優位性を相対的に発揮しやすい市場環境にあることを意味しよう。

しかし，物流インフラの整備や物流技術の革新などにより，ネット小売のコスト競争力が高まることなどを通じて，中国以外の国・地域においても同様の事態が進展する可能性は十分ありうる。したがって，中国を先行指標として，他のアジア諸国や欧米における展開を精査することによって，小売業態の革新に関する理論枠組みの再構成を図ることが今後の課題となる。その際，今回はさしあたり考慮外とした，小売ミックスのうちの品揃え及び価格以外の要素を含めて考察することが重要といえる。

［付記］

本研究には，文部科学省私立大学戦略的研究基盤形成事業（平成26年～平成30年）の成果の一部を含んでいる。

［注記］

1) O２O及びオムニチャネル戦略については，学術的に十分確立した定義があるとはいえないが，ここでは実務的に広く用いられているように，前者はオンラインとオフラインの販売活動を連携させて集客アップや購買促進につなげる仕組み，後者はネットとリアルのチャネルをシームレスにつなぎ，顧客を購買に導く仕組みのことと理解する。
2) 本章は李・渡辺（2014），渡辺（2014）に基づき，加筆・修正したものである。
3) 「京東O２O:創造無限可能」『2014年中国連鎖業O２O大会“店商与電商　相克到共生”』2014年3月。
4) アジアリージョナル小売企業については，佐原・渡辺（2013；2014）を参照されたい。
5) 中国電子商務研究センター（2013）による。
6) 2014年の状況については日本でもおおいに注目されるようになり，『日本経済新聞』2014年11月12日などマスメディアでも多くとりあげられた。
7) 経済産業省「平成24年度電子商取引に関する市場調査」（平成25年9月）による。
8) 国家郵政局発展研究センターとデロイトが共同で発表した「中国宅配便業界発展報告2014」によると，2013年時点で中国のインターネット小売販売額はアメリカを超え，世界最大の規模になったという（「網易財経」2014年5月27日）。
9) 注５参照。
10) 「垂直電商回帰本質賺銭才是王道」『中国企業家』2012年11月。
11) 2011年以降，天猫，順風優選，中糧我買網，1号店，アマゾン中国，生活網，正大天地，易果などの通販サイトが生鮮食品を取り扱い始めている。
12) 品揃えの幅と深さが格段に拡張され，さまざまな販促キャンペーンが日々展開されているにもかかわらず，ネット小売各社のホームページは，従前同様に縦に延々と長く商品が羅列されるだけで，必ずしもみやすいとはいえない状態にある。つまり，情報編集技術の向上スピードが，品揃えの拡張等のスピードに追いついていないといえ，消費者の情報処理能力との関連で今後の重要な改善課題となっている。
13) 淘宝がその代表的な成功例とみなされている（「淘宝十年　成交額従3400万到1万億」『北京商報』2013年５月１日）。
14) 注５参照。
15) 『東北新聞網』2014年3月18日による。
16) 出店者を選別し正規品の取扱い保証を強化するために，従来，5％の売上手数料や6,000元の技術サービス費のほか，1万元の保証金の支払いを義務づけていたが，2011年10月にはサービス費を3万元，6万元の2種類，保証金を5万元，10万元，15万元の3種類へと大幅に引き上げている（「淘宝以退為進　馬云“系統危機”」『中国経営報』2011年10月24日による）。

17）2010年9月「非金融機構支払サービス管理弁法」に基づくライセンス。

18）以上の詳細については，李（2013）及び李・渡辺（2014）を参照されたい。

19）この点は「天猫“双11”アリババはモバイル端末を強化」『網易新聞』2014年11月7日による。

20）「打造ウォルマート＋Ｏ２Ｏ模式　天猫社区服務站再拡容」『中国経済時報』2013年4月9日による。

21）『網易新聞』2014年11月7日による。

22）「京東物流センター備戦“双11”」『新浪』2014年11月7日による。

23）「1号店生鮮攻略」『和訊科技』2014年11月4日による。

24）「1号店は2，3級都市に浸透，オフラインに取り組む」『億邦動力網』2014年11月5日による。

25）詳細は渡辺（2012），渡辺・流通経済研究所（2013）を参照されたい。

26）中国連鎖経営協会『伝統零售商开展網絡零售研究報告（2014）』。

27）3C商品とはコンピュータ（Computer），通信（Communication），消費財電子製品（Consumer Electronics）のことを指す。

28）「張近東：Ｏ２Ｏ零售引領中国零售業第三次変革」2013年11月29日による。

29）『日経MJ（流通新聞）』2014年4月21日による。

30）「モバイル端末の構成比24%，蘇寧Ｏ２Ｏ成果が顕著」『中国経済網』2014年10月31日による。

31）注29参照。

32）「国美在線：京東よりちょっとだけ速い」『北京晨報』2014年11月7日による。

33）「歩歩高『云猴網』開通」『網易財経』2014年10月30日による。

34）「順豊嘿客」『人民日報』2014年9月22日による。

35）2013年10月26日 THE NEW CLASSIC編集部 テック・サイエンス（http://newclassic.jp/2439）による。

36）大矢昌浩「物流インサイドリポート　楽天，早過ぎた見切り」『日経MJ（流通新聞）』2014年7月18日による。

37）重富（2011）による。

［参考文献］

池尾恭一（2005）「小売業態の動態における真空地帯と流通技術革新」『商学論究』第52巻第4号，pp.71-95。

石井淳蔵（2009）「小売業態研究の理論的新地平を求めて」石井淳蔵・向山雅夫編著『小売業の業態革新』中央経済社，pp.283-321。

石井淳蔵（2012）『マーケティング施行の可能性』岩波書店。

石原武政（2000）『商業組織の内部編成』千倉書房。
坂川裕司（2011）「小売フォーマット開発の分析枠組み」『経済学研究』第60巻第4号，pp.61-76。
佐原太一郎・渡辺達朗（2013）「ASEANにおける小売市場参入・展開に関する研究―ベトナム市場で展開する外資系小売企業の考察を中心に」『流通情報』第45巻第3号，pp.31-45。
佐原太一郎・渡辺達朗（2014）「インドネシアにおけるアジアリージョナル小売企業の展開―食品・日用品小売市場を中心に」『流通情報』第45巻第5号，pp.53-65。
重富貴子（2011）「競争が激化する市場における業態戦略・店舗施策の検討―消費者の業態・店舗選択行動と買い物意識―」『流通情報』第43巻第4号，pp.36-48。
高嶋克義（2007）「小売業態革新に関する再検討」『流通研究』第9巻第3号，pp.33-51。
田村正紀（2008）『業態の盛衰』千倉書房。
中国電子商務研究センター（2013）『2013年中国電子商務市場数拠監測報告』。
新倉貴士・高橋広行（2013）「消費者視点の業態研究に向けて」『季刊マーケティングジャーナル』第127号，pp.67-81。
向山雅夫（2009）「小売国際化の進展と新たな分析視角―業態ベースの小売国際化研究に向けて」向山雅夫・崔相鐵編著『小売企業の国際展開』中央経済社，pp.1-30。
矢作敏行編（2000）『欧州の小売りイノベーション』白桃書房。
李雪（2013）「急成長する中国のネットショッピング市場―ネット通販企業の戦略と課題―」『流通情報』第45巻第3号，pp.46-59。
李雪・渡辺達朗（2011）「中国における飲料製造企業のチャネル戦略―娃哈哈（ワハハ）グループの事例」『流通情報』第43巻第1号，pp.46-68。
李雪・渡辺達朗（2014）「中国市場におけるネット小売とリアル小売との競争と融合―グローバルな小売業態間競争の展開と影響」『日本商業学会全国大会報告論集』，pp.61-70。
渡辺達朗（2014）「中国小売市場におけるネットとリアルの競争と融合―オムニチャネル戦略の展開との関連で」『流通情報』第46巻第3号，pp.21-34。
渡辺達朗・流通経済研究所編（2013）『中国流通のダイナミズム―内需拡大期における内資系企業と外資系企業の競争』白桃書房。
Chandler, Alfred D.（1977）The Visible Hand: The Managerial Revolution in Ameican Business, The Belknap Press of Harvard University Press（鳥羽欽一郎・小林袈裟治訳（1979）『経営者の時代〈上・下〉』東洋経済新報社）.
Porter, Glenn, and Harold C. Livesay（1971）*Merchants and Manufacturers: Studies in the Changing Structure of Nineteenth-Century Marketing*, The Johns Hopkins University Press（山中豊国・中野安・光沢滋朗訳（1983）『経営革新と流通支配―生成期マーケティングの研究』ミネルヴァ書房）.
李芏巍（2013）『電商的戦国』社会科学文献出版社。
劉徳寰・陳華峰・任東瑾・崔凱（2013）『透視電商―網絡購物消費者研究』機械工業出版社。
荆林波・梁春暁主編（2013）『中国電子商務服務業発展報告』社会科学文献出版社。

第4章 中国市場における P&Gのチャネル戦略

1 はじめに

P&Gはアメリカのオハイオ州シンシナティで小規模の石鹸・ロウソクメーカーとしてスタートした。180カ国で展開し，2014年の売上高は830億6,200万米ドルに達しており，世界最大の消費財メーカーに成長している（図表4-1）。また，地域別で売上高を見ると，北米は39％で最も高く，ヨーロッパ28％，アジア16％，ラテンアメリカ10％，インド・中東・アフリカ（IMEA）7％となっている。先進国は61％を占めているが，急速な経済発展をとげている途上国の割合が39％に高まっている。とくに，大中華区（Greater China：中国大陸，香港，マカオ，台湾を含む）の販売量と売上高は，アメリカに次ぐ2位となっている。

P&Gは中国市場では23のブランドを展開しており，2013年度の売上高は約360億元に達している（図表4-2）。ヘアケアの「パンテーン」「ヘッド＆ショ

図表4-1　P&Gの経営業績の推移（2009〜2014年）

（単位：百万米ドル／人）

年	売上高	売上総利益	営業利益	純利益	従業員数
2009	73,565	36,882	14,189	13,436	132,000
2010	75,785	39,663	15,306	12,736	127,000
2011	79,385	40,551	15,233	11,797	129,000
2012	82,006	40,595	13,035	10,756	126,000
2013	82,581	41,190	14,330	11,312	121,000
2014	83,062	40,602	15,288	11,643	118,000

出所：P&Gアニュアルレポートにより作成。

図表4-2　中国市場におけるP&Gの主要製品の展開

カテゴリー	ブランド	中国語名	発売時期
ヘアケア	ヘッド&ショルダーズ	海飛絲	1988年10月
	リジョイス	飄柔	1989年10月
	パンテーン	潘婷	1992年3月
	ヴィダルサスーン	沙宣	1997年9月
	Clairol	伊卡璐	2003年11月
スキンケア	オーレイ	玉蘭油	1989年5月
	SK-Ⅱ	SK-Ⅱ	1998年9月
歯磨剤	クレスト	佳潔士	1995年9月
ベビーケア	パンパース	幇宝適	1997年5月
合成洗剤	タイド	汰漬	1994年8月
	アリエール	碧浪	1993年2月
化粧石鹸	セーフガード	舒服佳	1992年11月
生理用品	ウィスパー	護舒宝	1991年10月

ルダーズ」「リジョイス」「ヴィダルサスーン」といった4つのブランドの売上高は合わせて約200億元で，市場全体の約40%を占めている。ベビー用おむつの「パンパース」と生理用品の「ウィスパー」の売上高は合わせて約80億元に達している。そのほか，オーラルケアの「クレスト」やスキンケアの「オーレイ」はそれぞれ20%，9%の市場シェアを獲得している。主要ブランドの売上高はP&Gの中国市場全体の70～80%を占めている[1)]。

1988年に中国進出を果たしたP&Gは，これまで中国市場環境の変化とともに成長してきた。一方，中国の卸売業や日用品産業の発展，また内資系メーカーの成長にも大きな影響を与えていった。常に劇的な変化が起きる中国市場に対し，P&Gは製品展開，価格設定，チャネル戦略などの面においてさまざまな調整を行った。とくに，チャネル戦略では都市部と農村部の二重構造，地域間の経済格差，中小卸売・小売商とチェーンストアと同時存在，さらに近年のネット通販の爆発的な成長といった複雑な流通構造への対応に迫られていった。

本章では，P&Gの中国市場での展開プロセスを整理し，成長を大きく支えたチャネル戦略について分析する。具体的に，卸売チャネルの展開（1988～1997年），顧客別チャネル体制の構築（1998～2012年），新たなチャネルの開拓（2013年以降）といった3つの時期に分ける。それぞれの時期における

P&Gのチャネル戦略の内容を分析するとともに，次の3つの問題を明らかにする。すなわち，P&Gが，①中国市場においてどのようにして最大規模の外資系消費財メーカーに成長したのか，②流通構造や市場環境の変化にどのように対応し，どういった課題を抱えていったのか，③内資系メーカーとのチャネル戦略の相違点とは何か。

2 卸売チャネルの展開

2-1　合弁事業の設立

1988年8月，P&Gは香港商社のハチソン・ワンポア，広州軽工業局系列下の国営石鹸メーカーの広州石鹸廠及び広州経済技術開発区建設進出口貿易公司との共同出資により，合弁会社の広州宝潔有限公司を設立した。中国側の2社は工場敷地と従業員を提供し，それぞれ20%，5%を出資した。一方，P&Gはマネジメントや技術・サービスを有償で提供する一方，商標使用権を無償で提供した。また，ハチソン・ワンポアは生産された一部の製品の海外輸出を担当した。[2)]

当初，P&Gは北京と上海で市場調査を行い，洗浄力の高い「アリエール」洗剤をまず導入しようと考えた。しかし，中国消費者がそれほど高い品質・機能の洗剤を求めておらず，洗剤での市場開拓は難しいといった懸念から，当時中国ではまだ普及していないシャンプー製品の展開からスタートした。[3)] 1988年11月に「ヘッド&ショルダーズ」ブランドにより，シャンプーやリンスを発売した。また，1989年4月にスキンケアの「オーレイ」，11月にシャンプーの「リジョイス」をそれぞれ発売した。

これ以降，P&Gは各地に合弁企業を作り，さまざまな製品を展開するようになった。1990年9月，P&Gは現地会社の広州宝潔，ハチソン・ワンポアとの共同出資により，生理用品の「ウィスパー」を生産する広州宝潔紙品有限公司を設立した。また1992年8月，化粧石鹸の「セーフガード」と合成洗剤の「アリエール」を生産する合弁会社の広州宝潔洗滌用品有限公司を設立した。また1993年に合弁により他の地域に進出し，合成洗剤を生産する北京熊猫宝潔洗滌用品有限公司と成都宝潔有限公司，化粧石鹸とボディソープを生産する天津宝潔有限公司を設立した。洗剤を強化するために，1994年3月に合成洗剤の生産を行う合弁会社の広州浪奇宝潔有限公司を設立した。

2-2 国営卸売チャネルの活用

当初，P&Gは合弁相手の広州石鹸廠が各地に取引関係を持つ国営卸や貿易会社を通して販売を行った。計画経済体制下に形成された国営流通チャネルは，省から市，県さらに村の下部の行政単位まで浸透していたため，「ヘッド&ショルダーズ」や「リジョイス」などの商品は広く販売されていた。

当時石鹸で洗髪することが一般的であったため，商品やブランドの宣伝が必要であった。P&Gは，女性従業員の多い広州軽工業系列の企業で無料配布を実施した。その後テレビ広告，バス広告，屋外広告，イベントなどさまざまな販促活動を行い，広州での知名度を大きく上昇させた。1989年では，広州宝潔は生産高1億2,000万元，売上高8,393万元，輸出154万米ドルに達した。[4)]

販売面では，P&Gは1991年7月に北京，8月に上海にそれぞれ分公司（支社）を設け，全国に向けて市場開拓を強化した。人口規模20万人以上の228都市の地図を集め，百貨店から歩道沿いの屋台まですべての小売店を地図に表記した。営業部隊をエリアに分け，店舗訪問をさせた。また，都市にある数百万軒の家庭を訪問し，シャンプーや洗剤のサンプルを無料配布した。さらに，50万米ドルを投じて，洗濯機メーカーと提携し，洗濯機を購入した消費者に「タイド」や「アリエール」の洗剤を一部無料で提供した。[5)]こうした斬新なマーケティング手法と大規模な販促活動により，広州宝潔の売上高は1992年の5億5,700万元から93年の13億3,300万元に倍増した。

市場の拡大に伴い，P&Gは製品，価格，販促，チャネルといった4Pの諸側面を強化しようとした。しかし，国営卸売機関は計画経済の既成観念を変えられず，従業員のモチベーションが低く，売上代金の滞納は日常茶飯事であった。また，広州宝潔の営業人員の多くは広州石鹸廠から移されたため，マーケティングについての専門知識をほとんど持っていなかった。[6)]

2-3　卸売チャネルの構築

1993年から，P&Gは新たに300人の営業人員を採用し，専門教育や研修により自らマーケティング人材の育成に取り組んだ。また営業部隊の整備に伴い，P&Gの経営理念に相応しい卸売商を全国範囲で新たに募集した。

しかし，この時期，卸売商の多くは弱小規模で，物流・在庫管理，販促活動などの機能も不備であった。これに対し，P&Gはさまざまな営業支援を行った。第1に，卸売商にP&Gの営業人員を送り込み販売を手伝うだけでなく，卸売商の営業人員の研修をP&Gが担当し，一部の市場開拓人員をP&Gが自ら募集し給料を支払っていた。第2に，市場シェアの拡大に貢献した卸売商に対しサービス費を提供した。第3に，P&Gは数億米ドルを投資し，卸売商にDBS（Distributor Business System），EDR（Electronic Distributor Replenishment），IDS（Integrated Distribution System）などの情報システムを導入させた。自動的な伝票作成や在庫補充により，作業の単純化や物流の合理化と効率化，コスト削減を図ることが可能となった[7)]。

P&Gは卸売商にさまざまな支援を行う一方，卸売商のマージンを1～3％にかなり低く設定した。卸売商にとって経営を続けるためには，市場開拓に力を入れ，取引規模を拡大するほかなかった。しかし，高いマージンを取れなくても，P&Gの支援により経営力や競争力を高めることができるため，多くの卸売商は取引に積極的であった。

こうして，P&Gは卸売商の成長に大きな役割を果たした。しかし，市場拡大の最中にあるため，卸売商の選別や統制，テリトリー分割などを十分行わなかった。例えば，当時北京市では，佳之興，一商美潔，日化二廠（営業部），香海，通広の5社の卸売商や国営日用品工場の営業部門と契約していた。P&Gが卸売価格を統一したため，5社は頻繁に安売りを行い，市場が混乱していた。その後，P&Gは各社のテリトリーを分割し，互いに販売協定を結ばせた。しかし，協定にはさほど大きな効果がなかった[8)]。結局，P&Gは競争の中で勝ち残った卸売商と契約し続け，さらに情報システムを導入させたことで彼らとの関係を強化した。競争による自然淘汰で，後に北京地域の卸売商が一商美潔と佳之興の2社に集約することになった。

こうして，P&Gは各地の有力卸売商約300社と契約し，1995年の売上高は

図表4-3　地域別販売体制（1993〜1997年）

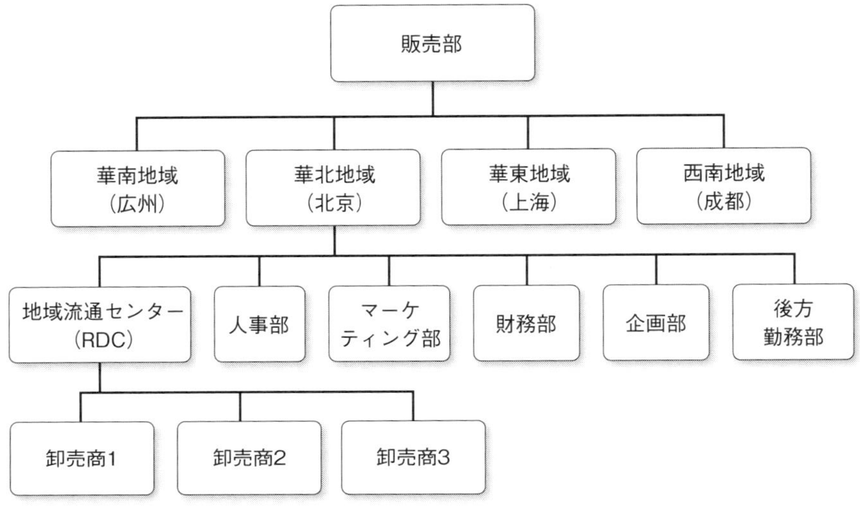

出所：「宝潔公司渠道戦略転変分析及其啓示」『企業活力』2005年第5期，p.37。

19億8,000万元に達した。当初，いち早く市場シェアを拡大するために，P&Gは卸売商の支払条件を一時緩和させた。その結果，卸売商の支払サイトを120日間まで伸ばすケースもあった。これに対しP&Gは14日間以内に代金を支払った卸売商には３%の奨励金を与える一方，40日間を超えた卸売商をブラックリストに載せるといった措置を取った。1996年には代金回収は基本的に１週間以内に短縮することができた。[9)]

また，地域別販売体制を取り入れ，北京，上海，広州，成都を中心に，全国を４つに地域に分けた（図表4-3）。各地にある販売支社や子会社の販売部門は代理商チャネルの管理や支援を担当した。

3 顧客別チャネル体制の構築

3-1　外資独資化

P&Gは1998年まで北京，天津，成都などに10の合弁会社を設立した。しかし，これ以降合弁相手から株式を買い取るか，もしくは出資を撤退する動きが見られた。1998年12月，広州浪奇実業股份公司は宝潔和記黄埔有限公司と協議し，広州宝潔洗滌用品有限公司の株式12％と360万米ドルの債権を7,800万元で後者に委譲した。また2000年3月に，北京日化二廠は宝潔（中国）有限公司との合弁関係を解消し，その半年後「熊猫」商標の使用契約を予定より早く中止することを発表した。さらに，2002年，広州市政府は広州宝潔有限公司の中国側の持ち株をすべてP&Gに売却することに同意し，広州P&Gは外資独資企業となった[10)]。また，2004年5月にP&Gは18億米ドルで合弁パートナーのハチソン・ワンポアが保有していた20％の株式を買収し，広州宝潔の全株式を取得した。

こうして，各地の合弁会社の全株式を取得した後，財務決算を広州宝潔に統合した。運営費用の削減だけでなく，各地へのコントロールを強化した。広州を運営やマネジメントの中枢とし，資金の集中的配分，人員や財務費用の削減，全国の営業費用の予算と支出の一体化を図った[11)]。

P&Gのこういった動きは，中国のWTOへの加盟に伴う進出規制の緩和を背景に，外資系企業が中国市場で大きな戦略転換を行った象徴といえる。P&Gはこれまで中国市場に17のブランドを持ち込み，約10億米ドルを投資したが，経営権をすべて握るようになるにつれ，P&Gは中国への投資をさらに増大させる計画を立てた。

3-2　内資系メーカーとの競争激化

2001年，中国のシャンプー市場ではP&Gのシェアが60％から40％に低下した。その背景には内資系メーカーとの競争激化があった。1990年代後半に入り，シャンプー市場では奥妮，舒蕾，洗剤市場では奇強，納愛斯，化粧品市場では隆力奇といった内資系メーカーが中国消費者のニーズに合致した製品を展開し，有効なチャネル管理手法により急成長していた。

例えば，重慶奥妮は漢方薬という中国の伝統を活かし，1995年に初めて植物のサイカチを原料としたシャンプーの「奥妮皂角」を発売し大ヒットした。また，翌1996年に，黒髪訴求の「奥妮首烏」を発売し，市場シェアが7％までに拡大した。さらに，タレント起用の新ブランド「100年潤発」により，市場シェアは12.5％までに高まり，P&Gの「リジョイス」に次ぎ第2位となった。

また納愛斯は，1999年に「雕」（ワシ）ブランドの洗剤を発売し，業界最低価格や失業者の家庭をテーマとした情緒訴求の広告展開により，市場シェアを急速に伸ばした。2001年の売上高は前年比102.80％増の50億7,680万元に達し，1999年からわずか3年間で売上規模が約5倍に拡大した。洗剤市場でのシェアは36.68％で，「タイド」の3.47％を大きく上回った。

内資系メーカーの急成長に脅威を感じたP&Gは製品開発や価格，広告宣伝などの面において大きな調整を行った。1997年から，黒髪訴求や植物原料のコンセプトを取り入れ，初めて中国市場専用の新商品開発に取り組んだ。顧客の生活観察や市場調査，パッケージデザインなどを経て，2000年に「潤妍」ブランドで発売した。しかし，この時期，すでに黒髪のブームが過ぎ，多くの消費者は髪染めを好むようになった。訴求ポイントが不明確で，広告効果による購買率はわずか2％であった。売上高を何とか1億元まで拡大したが，市場シェアは3％以下にとどまっていた。さらに，P&Gアメリカ本社のグローバル開発体制の統合に伴い，2002年に中国市場専用ブランドの「潤妍」も撤退することになった。[12)]

また，2003年から，P&Gは納愛斯の「雕」に対抗して，名づけて「射雕」戦略をスタートした。「タイド」洗剤の包装を納愛斯の「雕」洗剤に類似する水色に変え，小売チェーンから農貿市場まで「雕」の隣に必ず「タイド」を置いた。販売価格も2.2元に引き下げ，お笑い芸人を起用し，価格の安さを強調した。[13)]

洗剤だけでなく，P&Gは「オーレイ」20％，「セーフガード」25％，「激爽」（ボディソープ）30％の値下げを実施した。特に2003年末には，成都や重慶から全国の地方都市や農村市場に向けて，それまで13.5元であった「リジョイス」シャンプーを9.9元で売り出した。価格の引き下げに伴い，P&Gはコスト削減を強化し，中国現地の包装材料のサプライヤーと取引し，原材料の輸入比率を縮小させた。[14)]

こうした低価格戦略を実施した背景には，低価格帯の商品を中心に展開する中国の内資系ブランドを排除するねらいのほか，アメリカ本社のラフリーCEOの改革による新興国市場での拡大戦略もあった。その一環として，中国市場ではP&Gは低価格の市場開発戦略を実施し，地方都市や農村市場に浸透させようとした。[15)]

実際，農村市場での販売は1996年にすでに行われた。P&Gはトラックに「リジョイス」シャンプーなどの商品を積み込んで販売していた。また，1999年に「郷鎮終端網絡建設」と「郷鎮菜市場展示計画」を推し進め，潜在的な顧客層を探ろうとした。さらに，2003年末，P&Gは1億7,600万元で中央テレビ局の2004年度ゴールデンタイムのドラマ番組の冠名権を落札した。広告効果の最も高いと見られるこの冠名権は，これまで国内企業が奪い合う対象であったが，外資系企業に落札されたのは初めてであった。これにより，農村市場への進出を強化した。

3-3　チャネル調整

1999年，当時P&GのCEOを務めたヤーガーは，「カルフールやウォルマートなどグローバル小売企業の中国市場への参入，また国内の小売企業の急速なチェーン化が進む中，将来中国もアメリカのように代理店がいらなくなる」と楽観的に予測した。すでに1996年に中国でグローバル小売チェーンに対応する営業部隊を設けたが，1999年に中国国内小売チェーンに対応する営業部隊を設けたことで，小売チェーンとの直接取引が全面的に実現された。

一方1999年7月，P&Gは「宝潔卸売商2005計画」を実施し，卸売チャネルの再構築に取り組んだ（図表4-4）。既存の300社余の卸売商から，実力があり，P&Gとの戦略的パートナーシップの構築に積極的であった約100社を選別し，取引関係を強化した。各卸売商のテリトリーを拡大させ，他地域で子会社を設立することを説得した。また，これによって資金繰りの問題に直面した卸売商に対し，P&Gは彼らの信用枠を増大させ，支払サイトを7日間から14日間に延長した。ただ，信用リスクがあるため，すべての卸売商に固定資産の担保や第三者の担保を要求した。さらに，彼らの物流機能を強化するために，P&Gは2億元余りを投じて，中規模の卸売商にイベコ，小規模の卸売商にバンをそれぞれ200台，また小売店訪問時に必要なPDA端末を提供した[16)]。また，取引価格の統一化・オープン化・透明化などを実施する一方，代理商のモチベーションを高めるために，最低価格にさらに割引制を導入し，販売量の拡大で利益増を図るようにした[17)]。

しかし，卸売商の削減は彼らの忠誠心の低下をもたらし，抵抗するケースも

図表4-4　P&G中国の顧客別チャネル体制

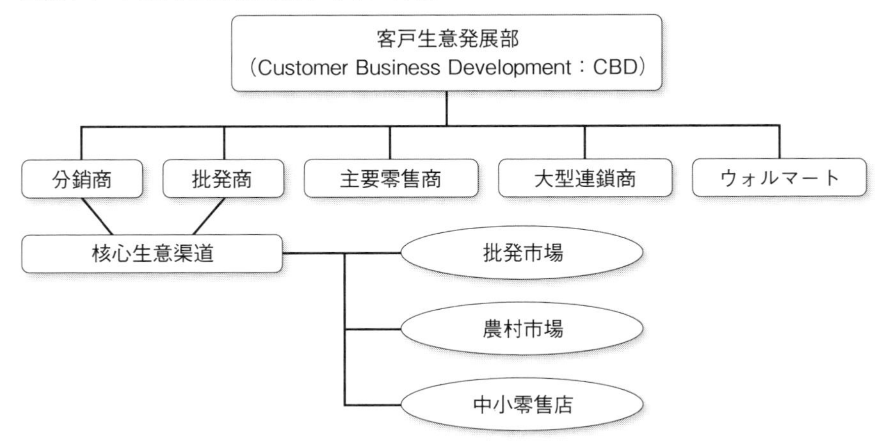

出所：「宝潔公司渠道戦略転変分析及其啓示」『企業活力』2005年第5期，p.38。

多かった。P&Gとの取引ではまったく利益が上がらないため，自ら取引をやめた卸売商もいた。また，P&G社内では，大型小売チェーンを重視し，卸売商を軽視する傾向が現れ，優秀な営業人員の多くが大型小売チェーンと直接取引する部署に異動された[18]。その結果，売上高は1997年の約80億元から，1998年に52億4,200万元，1999年に39億1,700万元に急減した[19]。卸売商チャネルの縮小と混乱は売上高の減少をもたらす大きな要因であった。

2000年以降，P&Gは一部の大都市を除いて，経済発展が遅れて物流が十分発達していない中小都市や農村地域では，卸売商が依然として大きな役割を果たしていると認識するようになった。2001年に，取引規模や支払サイトに応じて，従来の統一した価格制度と信用枠を調整し，卸売商のモチベーションを高めようとした。また，2002年後半から，変動的取引価格を実施し，卸売商が1回の注文で1,000ケースを超えた場合1％のリベートを支払うといった奨励策を出した。さらに，DMS（Distributor Management System）により，卸売商の在庫補充や発注管理での業務改善，在庫削減や回転日数の短縮，資金回転率の向上を図った。ただ，P&Gは情報システムの利用を自社商品に限っており，またP&Gが提供したトラックも他社の商品を運ばないように要求した。しかし，P&Gの商品を取り扱うマージンが低く抑えられていたため，多くの卸売商の経営が厳しい状況にあった。こうした中，P&Gは卸売商に他社の商品の取扱いを容認した。[20]

卸売商の経営の標準化を目的として，2003年3月，P&Gは昆明で卸売商会議を開き，「Mc Sales Model」といった統一した販売管理モデルを発表した。「Mc」は「Mcdonald's」から由来しており，つまりマクドナルドの標準化・統一化モデルを意味している。これにより，卸売商の組織構造，営業人員の業務内容及び顧客先訪問手順，賃金体系などの標準化を図ろうとした。[21]

また，2005年からP&Gは専売制を実施し，卸売商の大規模な入れ替えを実施した。P&Gは依然として3％の低いマージン率を設定しているため，卸売商にとって,収益を高めるためには,取り扱い規模を拡大するしかない。しかし,規模を拡大し，物流投資や販売努力を強化するには，強い資金力が必要とされる。そのため，新たな応募条件には，資本金500万元以上，流動資金400万元以上（西部地域でそれぞれ300万元以上）が要求された。また，日用品・化粧品流通企業に限らず，自動車流通業や不動産といった異業種企業からの応募も認めた。日用品を取扱うノウハウを持っていない卸売商は逆にP&Gへの依存が高まると考えたからである。[22]

一方，従来の卸売商にとって，取引が突然中止されたこともあり，不信感がかなり高まった。新旧の卸売商の交代に時間がかかり，市場が混乱し，多くの地域では供給不足に陥った。山東省などの一部の地域では選別の基準が不明確であったため，卸売商から大きな反発を受けた。P&Gは「Push & Grunt」であるといった揶揄の声もあった。卸売チャネル改革は予測通りの結果が得られなかった。

3-4　ジレンマの発生

2005年，P&Gの品質問題が多発した。3月に「SK-II」がかゆみと刺激を生じさせる問題に続き，5月に「クレスト」の歯磨きに中国語と英語の表記の不一致，6月に「タイド」洗剤の品質問題が相次いだ。その後，寧波海曙区鼓楼工商所は製品の宣伝に不実な内容があることを理由に，P&Gの4つのブランドに対し調査を行った。これらの一連の事件はP&Gにマイナスイメージをもたらした。

また，中国市場向けの「激爽」ボディソープには10億元の広告費用を投じたにもかかわらず，2005年に撤退された。これは「潤妍」シャンプーに次ぎ，中国市場専用ブランドの展開において２度目の失敗となった。

一方，P&Gは農村市場開拓戦略を強化し，農村市場向けに大規模な販促宣伝が行われた。2004年度に続き，2005年度から2007年度にかけてそれぞれ３億8,515万元，４億2,000万元，５億元で中央テレビ局のゴールデンタイムの番組冠名権を落札した。[23)]

また，P&Gは2007年に商務部の万村千郷プロジェクトと組み，一部農村地域の小売店を指定し，商品を売り込んだ。さらに，2009年に「China Three」プロジェクトをスタートし，全国の約100の卸売商と契約を結んだ。契約では，１年間で約３万の郷・鎮をカバーすることを要求し，市場拡大のスピード，店舗数などが明確に規定された。また，地域の市場規模に応じて，トラックや営業人員の雇用にP&Gが一部の費用を提供し，市場開拓を支援することも約束した。[24)]

しかし，農村市場での展開は依然として芳しいものではなかった。P&Gは「リジョイス」の新シリーズにより，低価格の市場でのシェア拡大をねらっていたが，卸売商の支持をあまり得られなかった。卸売商にとって，流通段階で獲得できるマージンが商品を取り扱う最大の原動力である。P&Gの商品を取り扱うマージンは一般的に１～３％で，柔軟なリベート制度もなく，基本的に取引規模に応じて価格割引率を計算する。しかし，農村市場は小規模で分散的であり，弱小規模の業者が多い。P&Gの１次卸からの仕入価格がかなり高いため，一部の小売店は販促時にカルフールなどの大型小売チェーンの店頭で直接買い付けることもある。[25)]大型小売チェーンはリベートを収益源としており，販売目標を達成するために，時には損失を出すまで値下げを実施する。その結果，市場が混乱しており，同じ地域で販売されている商品であっても，その仕入先が把握できない状況となった。

P&Gは直接契約する卸売商，いわゆる１次卸に対し，さまざまなサポートを提供し，両者は密接な関係を築いている。１次卸の多くは，取引規模５億から10億元で，P&G以外の商品を取り扱わない専売商である。広州宝潔の営業人員は約1,000人しかいないが，１次卸の中でP&Gのために働く営業人員は約１万人にのぼる。しかし，製品の同質化による価格競争の拡大，P&Gの市場シェアの低下，さらに大型小売チェーンとの直取引が拡大する中，１次卸も危機感を感じた。

一方，２次卸や小売店ではP&Gの商品を取り扱う意欲が大きく低下している。価格の変動が速すぎて，偽物も多く，値下げがさらに市場を混乱させたことがその理由であった。特にP&Gの知名度があまり高くない２級，３級都市にある内資系小売チェーンでは，内資系メーカーの商品の取扱いに重点を置いている。[26)]

2008年度のP&Gの中国市場で売上高は262億5,926万元に達し，中国市場では日用品メーカーとして最大規模となった。しかし，売上伸び率は前年の約20％から約６％に大きく落ち込んだ。こうしてP&Gは，2009年から３年計画を打ち出し，全国の卸売商に前年比30％増で，３年間倍増するという目標を設定した。2010年初頭に上海での代理商大会では，P&Gは２年間の赤字経営，３年目から少し利益を出すということを呼びかけた。こうした中で，P&Gと１次卸の関係にも軋轢が生じつつあった。卸売商の業績が良くなっても，利益が下がっていた。一方，その卸売商を担当したＰ＆Ｇの営業人員が昇進することができた。卸売商チャネルの調整に伴い，P&Gの営業部隊には頻繁な人事異動が行われた。また，P&Gが以前卸売商の営業人員の賃金を全額支払っていたが，後に最大支払額を決め，不足分は代理商が負担するというやり方に変えた。しかし，2000年代に人件費が大きく上昇する中，卸売商にとってコスト負担がかなり大きかった。[27)]

4 新たなチャネルの展開

4-1　製品展開の新たな課題

2010年までP&Gは中国市場での投資額は16億米ドルにのぼり，2015年までにさらに10億米ドルを投資し，特に製品開発や物流，生産のさまざまな分野を強化することを発表した。2010年８月，投資額8,000万米ドルの研究開発センターである北京宝潔創新中心が設立された。また同年９月，投資額１億3,000万米ドルにのぼる，P&Gのアジア最大の物流センターである宝潔公司広州分銷中心が稼働した。[28)] さらに2012年12月末，18億3,600万元を投資し，中国で10番目の工場である太倉工場を建設し始めた。同工場は，アジア最大の生産基地として，「リジョイス」と「パンテーン」のヘアケア用品のほか，化粧品などの新商品も生産する予定である。

生産規模を拡大する一方，P&Gは2010年から2015年までに新たに８億人の消費者を増やすという目標を立てた。その多くは，１日２ドルで生活する低所得者層である。一方，2012年にP&Gは新興国への大規模な投資を一時中止し，先進国市場を強化する方針を打ち出した。しかし，先進国市場では原材料価格などのコスト上昇が続き，小売価格を引き上げることができず，収益が圧迫された。経営業績を改善するために，P&Gは広告費の削減やリストラに走ることになった。2013年１月まで5,850人のリストラが実施された[29)]。

この波紋は中国にも及び，中国事業では経営幹部の辞任が相次いだ。2012年に北京研究開発センターの総責任者のRichard Chen，大中華区広報部門総責任者の陳默，大中華区の販売総責任者の霍峰が相次いで辞任した。管理職の辞任は，P&Gのグローバル体制にも原因があった。

P&Gには，グローバル意思決定部署があり，地域別経営チームの上に設けられている。新商品の発売，研究開発，市場開拓などのすべての企画案はグローバル・チームと相談しなければならない。特に新商品開発は，本社との交渉や手続きを行い，決定されるまで長い時間を要する。現地のR&D部門は権限を持っておらず，新商品の発売はアメリカ本部にコントロールされている[30)]。それだけでなく，緻密な市場調査や煩雑な審査の手続きは逆に市場のチャンスを逃している。

また，2012年に最も規模の大きい40のカテゴリーと国・地域を組み合わせて，最重要な新製品と最も魅力的な市場に重点を置く方針が決められた。その結果，現地化の割合がさらに低くなり，特定の地域市場に新たにブランドを立ち上げることも非常に難しくなった。こうして，現地R&D部門の開発人員は，消費者ニーズに合致した新商品の開発ではなく，配合成分の調整でいかにコストを引き下げるかといったことばかりを考えるようになった。また，販売，調達，市場などの部門はリベートなどの取引慣行があり，賃金が比較的に高いのに対し，こういったグレー収入がまったくない開発部門には，モチベーションが低下した[31)]。

また，P&Gの製品戦略にも問題がみられた。2000年代，中国の日用品業界では，外資系と内資系メーカーとの低価格競争が多く見られた。P&Gは農村市場の開拓や内資系メーカーの排除を目的に，SK-Ⅱを除いてほぼすべての製品の値下げを実施した。しかし，その結果，既存ブランドへの依存や製品開発力の乏しさが指摘された。実際，一部細分化したカテゴリーにおいて，内資系メーカーは消費者を教育し，市場を作り出している。既存市場ではパイを争うのでなく，新たな市場を作り出し，新商品で成長を牽引するといった戦略に変わった。とくに，所得の増加に伴い，生活の質を重視する消費者が増え，高価格帯・高機能の商品が好調な売れ行きを見せた。

例えば，洗剤分野では納愛斯は環境に優しい粉石鹸を開発したり，液体洗剤分野では藍月亮が先駆けて市場開拓に取り組んだ。また，歯磨剤では，雲南白薬は薬用成分入りの歯磨剤を発売した。さらに，ヘアケア分野では，覇王の「豆蔻組方」や雲南白薬「養元青」がいずれも高い価格設定のシャンプーを展開した。外資系メーカーの場合，高価格帯の市場は主に資生堂，ロレアル，ヘンケルに占められていった。[32]

一方，P&Gは高価格帯の製品ラインはほぼSK-Ⅱのみとなっていた。しかし，SK-Ⅱは2005年の品質問題で販売は芳しくなかった。P&Gは新商品の発売を基本的に既存のブランドによって展開している。既存ブランドは値下げでイメージが落ち，限られたブランドも売場の単調さをもたらした。そのため，良い取引先のウォルマートでさえ，中小規模メーカーの商品を取り扱うことで「活気ある売場」を作ろうとしている。中小規模メーカーは，新商品の数や展開スピードが速い。また，ブランド力が弱いため，入場費などの費用を支払い，売場での販促と陳列に力を入れている。[33]

4-2　専門店チャネルの展開

農村市場で競争優位を取れず，高価格帯製品ラインの空白といった問題に直面したP&Gは，さらに化粧品専門店チャネルへの取り組みも遅れを取った。

2000年から2010年までの10年間，中国市場では化粧品専門店業態が大きく成長した。ACニールセンによれば，中国の化粧品専門店は現在約14万店あり，そのうち約9万店は地方都市や農村地域に立地している。ハイパーマーケットやスーパーマーケットのパーソナルケア用品の年平均成長率は10～20％であるのに対し，化粧品専門店は70～80％で推移していった。外資系メーカーの多くは，2000年代に大型小売チェーンのチャネルに重点を置き，化粧品専門店チャネルを重視しなかった。一方，内資系メーカーは化粧品専門店を主要チャネルとしながら急成長した。その結果，外資系化粧品ブランドの市場シェアは2009年の57.9％から2012の45％に低下することになった。[34)]

化粧品専門店の高い成長率と３級，４級市場での高い浸透率により，一部の外資系メーカーはこのチャネルに取り組んだ。資生堂は2004年にショップ・イン・ショップの形で化粧品専門店との取引を始め，2008年には5,000店舗に達した。2006年10月に化粧品専門店の専用ブランドである「urara」を発売した。ロレアルは2009年に「パリ・ロレアル」，「メイベリン・ニューヨーク」，「カルニエ」などのブランドを化粧品専門店で販売し，翌年には社内に商務発展部を新たに設け，専門店との取引拡大を図った。そのほか，コーセーも「コーセー化粧品専門店」の形で化粧品専門店チャネルを確立させ，花王は2010年に化粧品専門店で「ニベア」の販売を強化した。[35)]

一方，P&Gが化粧品専門店チャネルに取り組んだのは2012年であった。同年11月，P&Gは大学生などの若者をターゲットとし，「オーレイ花肌悦」ブランドを発売した。また，2013年１月，中国市場向けに「海肌源」ブランドを発売し，化粧品専門店，ドラッグストアから販売を開始した。これに合わせ，同年２月に営業体制の調整を行い，従来のベビー＆マタニティ用品店，ドラッグストア，化粧品専門店（チェーンを含む）を専門店チャネルとして確立させた。[36)]

「花肌悦」ブランドは59元～139元の価格帯を中心に展開している。また，展開地域はまず河南省に限定し，徐々に２級，３級都市を中心に全国に拡大する計画である。[37)] さらに，新ブランドの販促宣伝には３億元が投じられた。化粧品専門店の多くは中小規模であることを配慮し，P&Gは16％の年間リベートを設けた。

しかし，化粧品専門店チャネルではP&Gはさまざまな課題にぶつかった。第１に，「花肌悦」の価格設定は最も競争が激しい領域であり，取引条件も魅力的ではなかった。P&Gは16％のリベートを提案したが，内資系メーカーの20～25％に比べてまだ大きな差があった。第２に，化粧品専門店の場合，店頭のプロモーションによる売上貢献度が高いにもかかわらず，P&Gの販促費用の大半が広告宣伝などに投入されていた。[38)]

実際，化粧品専門店がメーカーに求めるものが2つあった。第1は，製品自体の高い品質，機能性，マージン率とブランド力である。高いマージン率は商品を取り扱う意欲を高める前提である。すでに広く販売されていたP&Gのメガブランドの商品は，特徴がなく，あまり魅力的ではなかった。また，透明で統一した取引価格も，化粧品専門店の取り扱う意欲を低下させた。[39)]

第2は，多様な販売手法である。化粧品専門店は，単なる景品付けや「セール」ではなく，販促手法，販促道具，販売員の配置などさまざまな営業支援を求めている。しかし，P&Gの「オーレイ」は，客を集める目玉商品とされていた。P&Gが提供したい販売技術や小売支援などは，専門店側にとって必要ではなかった。[40)]

一方，化粧品専門店とともに成長してきた内資系化粧品メーカーのやり方は，P&Gと大きく異なっていた（図表4-5）。製品展開では，内資系化粧品メーカーは消費者ニーズを的確につかみ，細分化されたカテゴリーで次々と新商品を発売した。また，売場面積が小さく，陳列スペースが限られている化粧品専門店では基本的に1品目1商品を陳列している。そのため，多数の品目を展開する内資系化粧品メーカーはより大きな売場を獲得することができた。また，販促手法では，内資系化粧品メーカーは卸売商のネットワークを通じて店舗巡回や配送を行っている。多様な店頭プロモーションを行い，販売員による接客販売を重視している。さらに，取引手法では，内資系化粧品メーカーは化粧品専

図表4-5　内資系化粧品メーカーとP&Gの相違点

	内資系化粧品メーカー	P&G
製品展開	●機能性重視 ●新商品の開発スピードが速い ●細分化されたカテゴリーに集中，多数の品目を展開	●低価格重視，既存ブランドの値下げ ●商品特徴が不明確 ●品目数の少なさ
販促手法	●売場重視 ●景品，道具などを多く使用 ●販売員を配置，接客を重視	●広告重視 ●単調な売場，値引き，景品 ●販売員の配置がほとんどない ●集客の目玉商品にされがち
取引制度	●高いマージン率（40〜60%） ●年末リベート（20〜25%） ●長期的取引と排他的契約	●低いマージン率（約25%） ●年末リベート（16%） ●短期的契約

門店と緊密な取引関係を作り，直接協賛支援を行ったり，人間関係により長期的取引と排他的契約を結んでいる。[41] 高いマージン率，年末リベートと仕入割引などを合わせると，専門店のマージンは最大60％に達するという。[42]

内資系メーカーは，分散的なチャネルに対し，柔軟かつ有効に対応している。それに比べて，P&Gは柔軟な取引ルールやチャネル統制の手法には不得意といえる。それだけでなく，地方都市や農村市場の消費者の心理や購買行動に対する理解も不十分であった。生活水準の上昇に伴い，農村地域の消費者もより良い商品を求めるようになった。顧客の年齢層は比較的高いため，シワ対応や保湿効果のある機能性化粧品の需要が拡大していた。こうした傾向はブランド志向の高い都市市場にも見られる。こういった消費者ニーズの変化に対応しながら，内資系化粧品メーカーと化粧品専門店が急速に成長していった。機能を少しずつ高めた頻繁な新商品の発売で，顧客の購買意欲を高めている。

一方，P&Gは高機能・高価格帯商品の不在，農村市場向けの低品質・低価格商品の展開，また化粧品専門店チャネルへの不十分な対応などにより，中国市場では大きな壁にぶつかることになった。

4-3　ネット販売への取り組み

急成長していた化粧品専門店の多くは，2012年頃から売上伸び率が10％台に落ち込んだ。その背景には，大型小売チェーンの３級，４級都市への進出や化粧品ネット販売の拡大があった。[43]

化粧品のネット販売額は2008年60億2,000万元から2012年581億4,000万元に拡大し，化粧品市場全体の２割強を占めるようになった。こうしてネット通販とリアル店舗の競争がますます激しくなった。化粧品通販サイトの聚美優品や楽蜂が登場し，総合ネット通販サイト大手の京東，当当もマージンを10％以内に抑え，低価格販売により化粧品事業の拡大を狙っている。

P&Gは当初ネット販売に対し，あまり積極的ではなかった。2009年，P&Gは取引先の卸売商である一商宇潔と共同で，アリババのＢ２Ｃサイトの淘宝商城（現：天猫）で「e生活家」というネットショップをオープンした。P&Gが主にウェブページのデザインなどを担当し，一商宇潔は物流やアフタサービスを担当した。また，京東で「ヴィダルサスーン」専用のネットショップもオープンしたが，商品は卸売商経由で発売されており，京東との直接取引には応じなかった。

2013年2月，P&Gは電子商取引，団体購入，ポイント景品を新たなチャネルとして，それに専門的に対応する部署を設けた。また，ネットチャネルを開拓するために，次のいくつかの取り組みを見せた。第1に，ネット広告の強化である。2011年までにP&Gはネット広告に2億8,600万元を投資したが，2013年に検索サイトの百度（Baidu）とJBP（Joint Business Plan）契約を結んだ。消費者行動に関する調査やビッグデータ分析，商品開発，統合マーケティングなどの面において提携を行うようになった。

第2に，ネットチャネル向けに新たなブランドを投入した。2013年前半にかけて，P&Gはナプキンの「幇庭（Bounty）」，洗剤の「朗白先生（Mr.Clean）」，車用芳香剤の「香必飄（Ambi Pur）」といった3つのブランドをネットチャネルで発売した。また，天猫で漢方薬成分入りの高価格帯化粧品の「東方季道」のネットショップをオープンした。

第3に，ネット通販サイトとの直接取引の拡大である。2013年11月，P&Gはネット通販サイトの1号店との直接取引に応じた。1号店は正規品の仕入先の確保や低価格販売を目的に，大手化粧品メーカーとの直接取引を拡大させた。また，2014年9月にP&Gは化粧品専門通販サイトの唯品会に「SK-Ⅱ」商品の販売を許可した。これまでSK-Ⅱの正規販売は天猫のみであったが，唯品会との取引により，SK-Ⅱのネット販売を強化しようとした[44]。

第4に，O2O（Online to Offline）への取り組みである。2014年の春節に際して，P&Gはウォルマート，華潤万家，大潤発，楽購，カルフール，メトロの大型小売チェーン6社と，1号店，天猫，京東，アマゾン，当当，楽蜂，易訊，蘇寧易購のネット通販10社と共同で新年販促イベントを行った。ほぼ同じ時期に，P&Gは広州白云空港にコンセプト・ショップをオープンした。1号店と提携し，店舗で商品を試用した後，バーコードを利用して商品をネットで注文する仕組みを作った[45]。

ネットチャネルへの取り組みは，リアルのチャネルをすでに確立させたP&Gにとって1つの挑戦ともいえる。チャネル間競争を避け，ネットとリアルをいかにうまく融合させるかという課題が残されている。

5 むすび

本章では，中国市場におけるP&Gのチャネル戦略について分析してきた。1988年の進出以来，そのチャネルの形態と担い手が大きく変化した（図表4-6)。このようなチャネル戦略の調整は，中国の経済発展状況，消費者ニーズ，流通構造や競合環境などの変化に対応するためであった。また，P&Gのアメリカ本部によるグローバル体制の調整も，中国市場での製品展開に大きな影響を与えた。

P&Gの中国市場での展開プロセスを通して，２つのことが明らかになった。第１に，中国市場では現地化があまり進んでいないことである。これは，主に製品展開とチャネル展開に見られる。製品展開において，P&Gの最大の優位性は，緻密な市場調査や消費者の生活観察活動を通じて潜在的なニーズを探し出し，それに適した商品を開発し，提供することにある。しかし，多くの資金を投じて，中国市場向けにいくつかの製品を開発したが，いずれも短期間で撤退した。消費者ニーズの理解が不十分とか，広告訴求ポイントが不明確といったマーケティング上の失敗がある一方，アメリカ本国との長い交渉や手続きによる展開タイミングのズレが生じたこともその一因であった。それがまた，研究開発人材の流失や製品開発力の低下につながった。

チャネル展開において，P&Gは自ら営業人員を育成し，卸売商に対してさまざまな営業支援を行い，全国市場をカバーできる体制を構築したが，チャネルの統制力が不十分であった。多段階取引が一般的である地方都市や農村地域では，地域性や商慣習に対応しながらも，チャネルの取引秩序を維持できる力

図表4-6　中国市場におけるP&Gのチャネル戦略

時期	チャネル内容	チャネルの担い手
1988～1992年	既存の国営卸売チャネルの活用	国有の卸売機関や貿易公司
1993～1997年	卸売商チャネルの確立 地域別チャネル体制	卸売商（約300社）
1998～2012年	顧客別チャネル体制 大型小売チェーンとの直取引 卸売商チャネル調整	大型小売チェーン 卸売商（約100社）
2013年以降	化粧品専門店の開拓 ネット販売の展開	大型小売チェーン，卸売商，化粧品専門店，ネット通販

が要求される。一方，P&Gは競争により市場の健全化を図り，取引の混乱した状況を容認した。また，大型小売チェーンを中心としたチャネル体制を確立させると同時に，卸売商を激しく入れ替えたり，彼らのP&Gに対する不信感や離脱を生じさせた。安定した多段階の卸売チャネルなくしては，農村地域での拡大を図ることは困難であるため，P&Gは苦戦が続いた。

第2に，中国市場に対する理解の不十分さと，グローバル体制との矛盾である。かつて「ヘッド&ショルダーズ」や「リジョイス」により一気にシャンプー市場の半分を獲得したP&Gは，いまだに同様な戦略で中国市場で勝負しようとしている。それは，アメリカ本部のグローバル体制の一環でもある。大型小売チェーンとの直取引を拡大させたことで売上を伸ばしてはきたが，中国消費者のニーズが見えなくなっていた。

また，急成長をとげている中国市場は極めて複雑なものである。前近代的なままに残る農村市場から，都市化の進展に伴うチェーンストアの普及，インターネットやモバイル端末の普及によるネットビジネスの急進まで，短期間で急激に変化している。そのうえ，経済発展に伴い，購買力の向上や生活スタイルの変化も見られた。高品質・高機能商品に対する需要の拡大，個性化・多様化したニーズに対応するための市場・製品の細分化，内資系企業との価格競争を脱却するため差別化製品の開発などが必要とされている。しかし，P&Gはグローバル調整を行いながら，シェアを取ることを優先した。結果的には，農村部向けの低価格製品の展開や既存ブランドの値下げは，消費者の支持を得ることができなかった。

こうした中国市場の地域性，多段階性，消費の分散性と多様性に，P&Gが今後どのように対応していくかは興味深い問題である。

[付記] 本研究には，文部科学省私立大学戦略的研究基盤形成支援事業（平成26年～平成30年）の成果の一部を含んでいる。

[注記]

1）「渠道之変宝潔中国恐是最大変数」『新快報』2014年8月12日。

2）「一個多方合資企業的戦略目光 穂港美聯姻育“宝潔”」『特区与港澳経済』1995年第2期，pp.70-71。

3) 肖栄「P&Gにおけるラフリー改革と中国市場の展開」『立命館経営学』第49巻2・3号，2010年9月，p.80。
4) 黄偉雄「宝潔公司─『有弁法』」p.28。
5)「米国宝潔公司在中国的成功之道」『中国企業家』1996年9月号，p.54。
6) 劉源「宝潔渠道之変」『知識経済』2005年8月，p.26。
7)「白波先生談宝潔的中国営銷策略」『会計之友』1999年第1期，p. 5。
8) 劉源「宝潔渠道之変」p.28。
9) 注5参照。
10) 趙麗洲・丁躍進「宝潔（中国）公司不再与中方分嚢」『社会科学報』2002年12月19日。
11)「宝潔的中国策略 全面独資，然後整合」『第一財経日報』2004年11月18日。
12)「潤妍，宝潔的中国痛」『当代経理人』2005年第2期，pp.64-66。
13) 谷俊「宝潔VS納愛斯─射与雕的驪歌─」『日用化学品科学』2004年9月，p. 3。
14)「宝潔中国総裁羅宏斐─本土対手逼迫宝潔向他們学習─」『21世紀経済報道』2004年8月23日。
15) 谷俊，前掲p. 4。
16) 劉源，前掲p.28。
17)「宝潔降価的背後」『成功営銷』2003年4月，p.57。
18)「2005『馴商』計画淡出─宝潔中国営銷否定之否定」『21世紀経済報道』2003年4月3日。
19)「宝潔強勢渠道策略難以為継 日化業低価肉搏」『中国経営報』2012年12月18日。
20)「転変強硬作風宝潔渠道政策柔順了」『中国経営報』2003年8月25日。
21) 注18参照。
22)「宝潔撤換経銷商風波」『財経時報』2005年8月29日。
23) 何暁春・馮永明「中国造追趕洋品牌─納愛斯向“上”宝潔向“下”─」『浙商』2009年3月。
24)「宝潔的憂慮：本土品牌逆襲外資」『新金融観察報』2012年11月11日。
25)「宝潔，納愛斯終端争奪戦」『第一財経日報』2006年1月4日。
26)「宝潔陥入困局─裁員減支骨幹流失利潤成迷─」『経済観察報』2013年1月5日。
27)「宝潔廠商糾紛」『商界』2011年1月29日。
28)「宝潔中国将継続在華拡大産能 投資提速3倍」『第一財経日報』2010年10月14日。
29)「宝潔急尋救世主」『騰訊財経』2013年5月31日。
30)「宝潔困局難解 大日化巨頭光環減弱」『中国経営報』2012年12月15日。
31)「宝潔下滑“大日化”衰退或定局」『毎日経済新聞』2012年12月10日。
32)「宝潔下郷折返」『南方都市報』2013年10月8日。
33)「宝潔被指創新乏力」『財経天下』2013年11月8日。
34)「宝潔的憂慮─本土品牌逆襲外資─」『新金融観察報』2012年11月11日。
35)「宝潔渉足専営店江湖」『第一財経日報』2013年1月22日。
36)「宝潔急尋救世主」，2013年5月31日。
37)「宝潔新品海肌源 主打化粧品専営店渠道」『南方日報』2013年2月1日。
38)「宝潔覬覦専営店不断推新品」『信息時報』2013年6月6日。

39)「宝潔中国試水化粧品専営店　発力二三線城市消費」『中国商界』2013年3月11日。
40)「宝潔進軍新渠道遇尴尬」『中国経営報』2013年2月23日。
41) 注33参照。
42) 注35参照。
43)「電商擠，渠道沈，外資圧本土日化品牌三面楚歌」『第一財経日報』2013年5月21日。
44)「唯品会与宝潔公司戦略合作再昇級」『中国商業電訊』2014年9月23日。
45)「宝潔“反向Ｏ２Ｏ”実験長期効果待考」『中国経営報』2014年4月26日。

第二部

東南アジア編

第5章 ベトナムの食品・日用品小売市場における東南アジアリージョナル小売企業の展開

1 はじめに

中国における経済の減速懸念や政治的摩擦が高まる中，チャイナ・プラスワンなどと称されように，日系企業が投資先を東南アジア諸国連合（ASEAN）域内に求める動きが広がってきている。財務省による国際収支統計の対外直接投資（地域別）データでは，2013年の日本の対ASEAN直接投資額は２兆3,331億円と前年比で約2.7倍増となり，対中国の直接投資額であった8,870億円を上回った。

同年５月３日には，日本とASEAN間では初めてとなる，財務相・中央銀行総裁会議がインドのニューデリーで開催された。日本は東南アジアへの金融協力でつながりを深め，自国の成長に取り込みたい考えである[1)]。

2000年以降，ASEANを含む東南アジア各国の１人あたりGDPは上昇の一途をたどっている（図表5-1)。シンガポールは2011年に５万ドル，マレーシアは2012年に１万ドルを越えた。世界銀行の経済分類によれば，シンガポールとマレーシアはそれぞれ高所得経済，高位中所得経済に分類されている[2)]。

こうした東南アジア各国の１人あたりGDP上昇を背景に，東南アジア地域は生産拠点としてだけではなく，消費拠点として位置づけられるようになってきている。東南アジア地域を消費市場として捉える小売企業の東南アジア市場参入が相次いでおり，日系小売企業にとっても，東南アジアの重要性は高まってきている。

東南アジア消費市場には民族，言語，宗教，生活習慣，食文化等を異にする，多様な消費者が存在しており，所得の水準や分散も各々異なっている。2015年までに関税，投資，人の流れを自由化するASEAN域内自由貿易圏の形成が構

図表5-1　アジア主要国の1人当たりGDPの推移

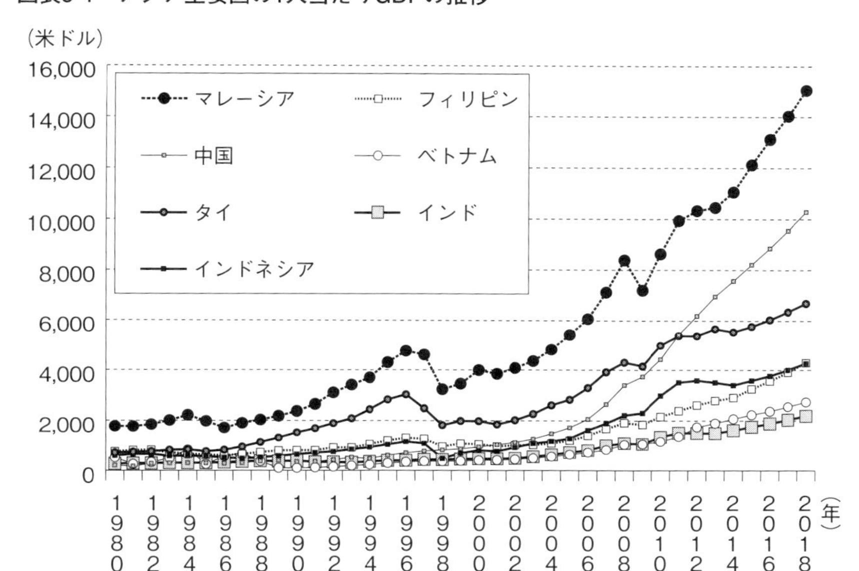

注：マレーシア，中国，タイ，フィリピン，インドは2013年以降，ベトナムは2012年以降，インドネシアは2010年以降が予測。
出所：IMF World Economic Outlook Database, October 2014をもとに作成。

想され，経済的統合度を高める方向が目指されているとはいうものの，各国に固有性や多様性が存在することから，均一ではないフラグメント化された市場と捉えなければならない。

前述のように，東南アジアの国々中でもシンガポール，マレーシア，タイでは経済発展が先行しており，外資系企業（欧米系，日系，韓国系等）の参入も進んでいる。また，これらに関する調査研究もすでにある程度の蓄積がみられる[3)]。一方で，ベトナムやインドネシアなどは，これから経済発展が本格化することが期待されており，外資系企業による参入の活発化が見込まれている。そのため，それぞれの小売市場の特徴についての調査研究の余地が残されている。そこで本章では，東南アジアの中でも，ベトナムの食品・日用品小売市場を研究対象として取り上げる。

ベトナム政府は1980年代から国際社会との調和と経済発展という方針のもと，独自の改革・開放政策であるドイモイ（刷新）を推進している。1995年にはASEANに，2007年にはWTOにそれぞれ加盟するなど，近年，ベトナムではいっそうの市場経済化と国際経済への統合が進められている。

ドイモイ推進以降GDPは継続的に成長し（図表5-2），IMFによれば，1人あたりGDPは2016年に2,000ドルを越えると予測されている。中間所得者層が拡大し，これに伴って消費の動向やライフスタイルに変化が生まれることが予測される。例えば，中国で1人あたりGDPが2,000ドルを上回った2007年ごろ，都市部における9割以上の家庭で洗濯機，冷蔵庫，エアコンといった耐久消費財を保有し，2006年の自動車保有台数は前年比10%増以上の伸び率で3,500万台，パソコン保有台数は5年で約3倍増の7,411万台を突破した[4)]。また，国連の世界人口推計（World Population Prospects）によれば，ベトナムの人口は2010年時点で約8,785万人，そのうち65歳以上の年齢層が占める割合がわずか6%で，平均年齢28.2歳という若い国であり，その将来性が注目されている。

こうした消費の拠点としての成長が期待されるベトナムの，食品・日用品小売市場を研究対象に取り上げるのは，同市場が伝統的に現地で受け継がれている食文化や生活習慣と結びついており，家電製品や衣料品といった商品カテゴリーと比較すると，現地の固有性が強く反映されていると考えられるからである。このような特徴を持つ食品・日用品小売市場において，ベトナムでは，国内企業だけではなく外資系企業による展開もみられる。そこで，本章では小売業の国際化に関する議論を手掛かりに，現地の固有性が強く反映された食品・日用品小売市場で，外資系企業がどのように国際展開しているのかという問題意識を持って検討を進めることとする。

図表5-2　ベトナムのGDPと1人当たりGDPの推移

項目	単位	2002年	2003年	2004年	2005年	2006年
GDP（名目）	10億ドル	35.10	39.56	45.45	52.93	60.93
1人当たりGDP（名目）	ドル	440.21	489.03	554.07	636.91	724.05

項目	単位	2007年	2008年	2009年	2010年
GDP（名目）	10億ドル	71.11	90.30	93.17	103.58
1人当たりGDP（名目）	ドル	835.10	1,047.88	1,068.33	1,173.56

出所：IMF World Economic Outlook Database, October 2014をもとに作成。

本章の構成は次の通りである。まず小売業の国際化における地域化（リージョナリゼーション）と国際展開先地域の本部機能という議論から，リージョナル戦略の仮説を検討する。次にベトナムの食品・日用品小売市場の現況を作り出した要因の１つとして，流通形態の近代化と外国資本規制の問題を中心に取り上げ，そのうえで，ベトナムにおける食品・日用品小売業界の構造を整理する。ここで，統一店舗ブランドで世界規模に展開するグローバル小売企業や，現地の国内小売企業と並んで，ベトナムのみならず，東南アジア地域を中心に発展する外資系小売企業グループの存在が浮かび上がってくる。本章ではこれらを「東南アジアリージョナル小売企業」と位置づけ，それらのベトナム食品・日用品小売市場における国際展開の特徴を，リージョナル戦略という観点から検討する。

2 小売業の国際化に関する議論

本章は基本資料の整理及び有力企業の事例研究を目的としているため，理論フレームそのものについて整理する余裕はない。そこで，小売業の国際化に関して議論されている，地域化（リージョナリゼーション）と国際展開先地域の本部機能という観点から，外資系小売企業の国際展開を検討する研究に焦点を合わせて整理していこう。

まず，国際マーケティングの研究領域では，一般的に企業の国際化戦略を標準化戦略と現地化戦略に分類して論じることが少なくない。これら標準化・現地化の議論の変遷について詳細に整理した大石（1997）は，世界的な標準化でなければ現地化，現地化でなければ標準化と一義的に定義されていることを示し，そうした枠組みの不十分さを指摘している。

小売業の国際化に関する研究領域においても，標準化と現地化の議論に対して疑問が投げかけられており，川端（2005）は，標準化戦略を支持する論者はいかなる市場環境にも適応できることが本当の意味での標準化であるというように，その意味を拡大しつつあることから議論が複雑化し，用語の使用における混乱が生じていると指摘する。

こうした標準化と現地化という２つの国際化戦略に関する議論がある中で，

Rugman (2000), Rugman and Girod (2003), Rugman and Verbeke (2004) らは，世界規模で標準化を進めるグローバル戦略を実在しない神話（myth）であると批判し，現実の多国籍企業は，アメリカ地域，ヨーロッパ地域，アジア地域といった地域をベースとして活動していることから，統合と現地適応をバランスさせたリージョナル戦略の重要性を論じている。清水（2004）は，リージョナル戦略は現地への適応を重視している一方，一定のリージョン内での効率性を追求するもので，期待される効果はリージョナルな要求に対応すると同時に，リージョナルレベルでの意思決定や戦略推進などによって，効率性を追求することであると指摘している。

では，国際展開先となる地域（リージョン）において，小売業が実際にどのように展開しているのだろうか。小売業の国際化プロセスの研究領域では，国際展開先となる地域において，当該地域への展開拠点となる本部機能が果たす役割の重要性が指摘されている。

テスコのアジア展開を検討した矢作（2007）は，テスコによる最初のアジア展開先国となったタイが，他のアジア現地子会社を取りまとめ，ベスト・プラクティスを提供する，アジア展開の本部としての機能を果たしていることを指摘し，実質的なアジア国際化センターと位置づけている。

ウォルマートによるラテンアメリカ進出を検討した丸谷（2014）は，ウォルマートがメキシコで開発し，同国での成長を牽引したとする倉庫型ディスカウントストア業態を示したうえで，アルゼンチンに同業態をアレンジして導入している事例を取り上げ，ウォルマートにとってメキシコはラテンアメリカ展開の拠点となる国際化センターと位置づけられると主張する。

また，イオンは2011年を起点とする３か年の中期経営計画の中で，ASEAN地域や中国における飛躍的な成長を目指す「アジアシフト」をグループ全体の共通戦略として掲げており，マレーシアをASEAN地域での事業展開を推進する上で重要な拠点と位置づけている[5)]。

これら食品・日用品を扱う小売業以外でも，国際展開先の地域において，展開拠点となる本部機能が果たす役割の重要性が同様に指摘されている。例えば，日本の紀伊国屋書店はアジアで最初にシンガポールで開店し，その後の台湾，インドネシア，マレーシア，タイといった他のアジアの国々への展開の土台となった（コトラー他，2007）。

図表5-3　国際小売業のリージョナル展開に関する仮説

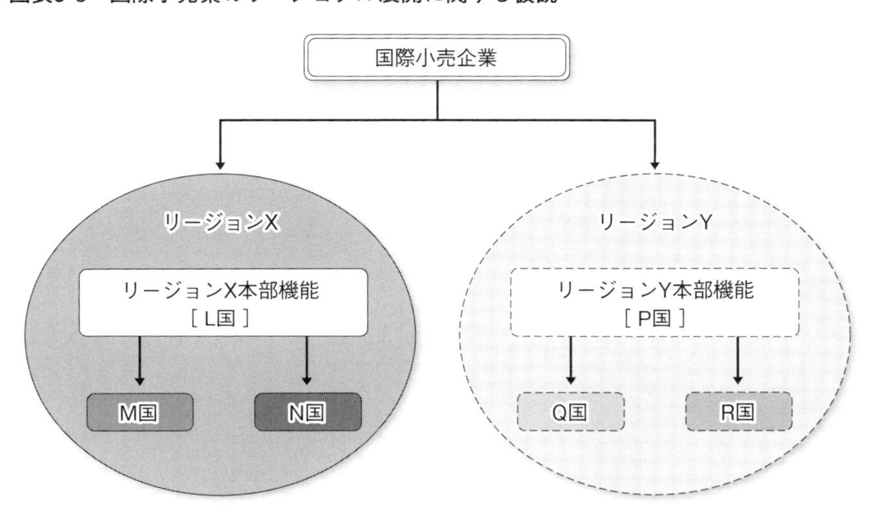

上述の議論より，国際展開先地域の現地子会社を取りまとめ，ベスト・プラクティスを提供し得る国際化本部機能が，小売業の国際化プロセスにおいて重要な役割を担っていることがわかる。本章ではこれら議論をまとめた図表5-3を仮説として，ベトナムの食品・日用品小売市場における東南アジアリージョナル小売企業の展開について検討する。

3 ベトナムの食品・日用品小売市場の特徴

3-1　トラディショナルトレードとモダントレード

ベトナム統計局（General Statistics Office of Vietnam）の資料によれば，年間小売売上高は拡大の一途をたどっている。２桁のパーセンテージで年間成長が続いており，今後も継続的な成長が見込まれている（図表5-4）。このうち，いわゆるパパママショップと呼ばれる個人経営の小規模小売店やウェットマーケットなどの伝統的な流通形態（以下，トラディショナルトレードと呼ぶ）による消費の割合は約80%を占め，百貨店やスーパーマーケットなど現代化され

図表5-4　ベトナムにおける小売売上高推移

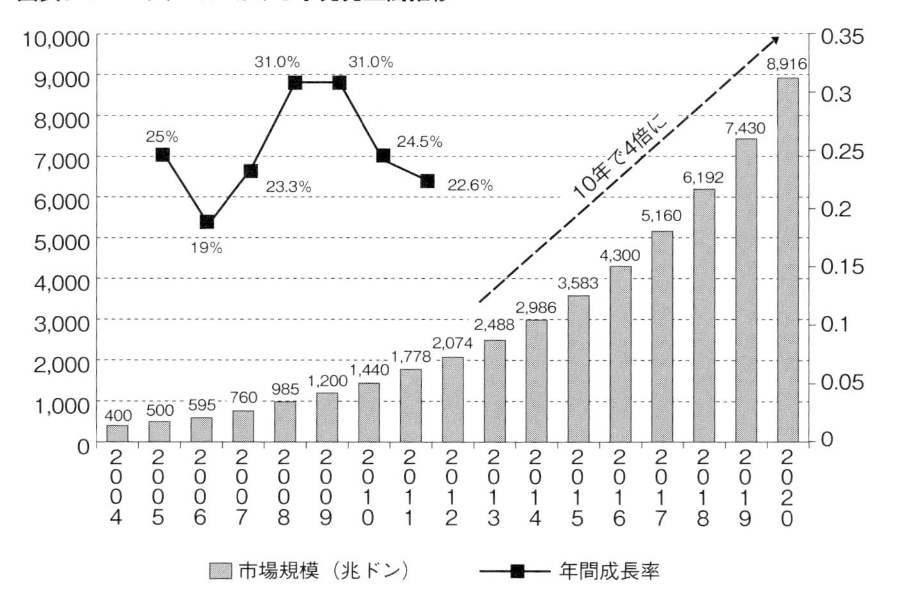

注：1.00ベトナムドン=0.0057日本円，1.00米ドル=121.43日本円，1.00ユーロ=149.21日本円（2014年12月5日時点）。
出所：General Statistics Office of Vietnam。

た流通形態（以下，モダントレードと呼ぶ）による消費が占める割合は20%程度となっている[6]。例えば，ハノイ市街地にはパパママショップが集積している地域や公設市場が点在しており，消費者が日常的な買い物を行っている。こうしたトラディショナルトレードの場面では価格交渉での取引が一般的で，商品価格の表示を目にすることは少ない。

ただその一方で，モダントレードによる小売店舗数を2009年と2010年で比較すると，ベトナム全体で752店から826店と増加し，主要都市であるハノイ市，ホーチミン市においてもこの傾向は同様である（図表5-5）。近年みられる相次ぐ外資系小売企業の参入に伴い（図表5-6），商品価格を明示し，安定した品質の商品を取り揃え，明確な取引が行われるモダントレードによる消費の割合は増加傾向にあるといえる。また，ハノイ市街地では公設市場が立地している敷地を，新たな商業施設へ転換する計画なども進んでおり（図表5-7），ベトナム政府はモダントレードを推進している。

図表5-5　ベトナムにおけるモダントレード小売店舗数（2009-2010年）

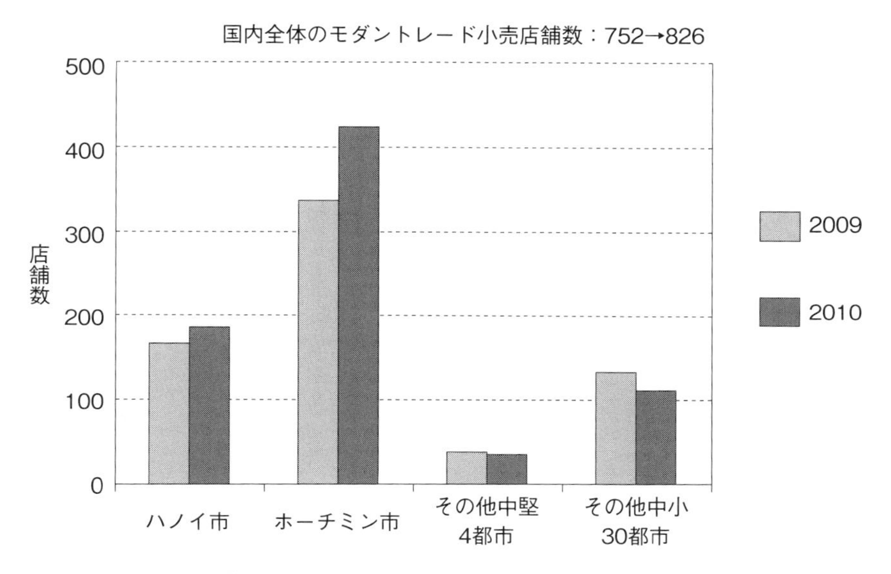

注：モダントレードに「Metoro-Cash&Carry」は含まない。
出所：ERIA調査プロジェクト資料より作成。

図表5-6　ベトナムにおける小売売上高に占める所有者別企業構成比

（単位：%）

年	種別		
	国営企業	私営企業	外資企業
1996	21.33	77.43	1.24
2000	17.79	80.64	1.57
2001	16.69	81.67	1.64
2005	12.9	83.3	3.8
2006	12.2	82.4	3.9
2007	10.2	86.0	3.9
2008	10.0	86.3	4.0
2009	9	87	5
2010	8	86	6

出所：B&CompanyのHP及びGeneral Statistics Office of Vietnamに基づき作成。

図表5-7　ハノイ市街の公設市場前にある再開発計画図

出所：2013年2月27日筆者撮影。

3-2　ベトナム小売市場参入における外国資本規制

前項では，近年にみられる相次ぐ外資系小売企業の参入に伴う，モダントレードの消費割合の増加傾向について示した。本項では，外資系小売企業のベトナム参入に際して直面する外国資本規制について述べる[7]。

世界的に事業展開を進めているグローバル小売企業（ウォルマート，カルフール，テスコ等）を始めとした外資系小売企業が，ベトナム小売市場に参入する際，外国資本に対する規制は参入障壁を構成する重要な要素となっている。外資系小売企業によるベトナム小売市場参入に関して，ベトナム政府は2007年5月21日付けMinistry of Industry and Commerce（現：Ministry of Industry and Trade）発行のDecision No.10/2007/QD-BTMで，2009年1月1日から，外国投資家は小売企業の分野において100％外国資本による現地法人を設立することができると定めた。ただし，輸入ライセンス，卸売ライセンス，小売ライセンスの許可はMinistry of Industry and Tradeから得る必要がある。

このように100％外国資本による現地法人設立が認められるようになったものの，外資系小売企業が直面する規制の壁は違った形で存在する。そのうち最も問題となるのは，第2番目の小売店舗開設からは，ベトナム政府によるEconomic Needs Test（以下，「ENT」と記す）と呼ばれる審査を通過しなければならとないことである。その審査は，開設される小売店舗周辺地域における既存小売店への影響を考慮し，承認･非承認の判断を行うというものである。

例えば，日系大手コンビニエンスストア・チェーンのファミリーマートは，2009年12月，日本発祥のコンビニエンスストアとしては初めて，ベトナムでの1号店を開店した。しかし，ENTがネックとなることから，ベトナム国内の有力商社であるPhu Thaiグループと提携し，100％現地企業資本で店舗展開を開始した[8)]。ただその後，ファミリーマートとPhu Thaiグループとの提携関係は，2013年5月31日に解消され[9)]，同グループはそれまでのファミリーマート店舗を独自のコンビニエンスストア･チェーンとして「B's Mart」に衣替えし，同チェーンを展開している[10)]。

ENTの審査の問題は，その認可基準が明確なものとなっていない点にある[11)]。ENTの認可基準の曖昧さはベトナム現地の流通・小売の専門家によっても指摘されている[12)]。

こうした中，2012年12月21日，流通産業・流通政策にかかわる経験の共有，課題解決に向けた協力，双方の流通分野の官民の交流を行うことで，日系流通業のベトナムでの事業展開とベトナムの流通業の発展を支援することを趣旨として，第1回日越流通・物流政策対話が開催された。日本側はENTの存在が外資系流通業のベトナムへの投資意欲を減退させていることを指摘し，ENTの撤廃を要請した。一方で，日本とベトナム両国政府と企業関係者が開いた官民共同の投資環境整備プログラム「日越共同イニシアティブ」において，ENTの運用基準に関する統一通達の発出につき合意がなされたことを受け，その内容について日本側から提案・要請が行われ，ベトナム政府がこれを受け入れる形で調整されるという[13)]。ただ，ベトナム側は日本側が要請したENTの撤廃自体について，現時点では困難と回答している[14)]。

なお，Ministry of Industry and Tradeは，外資企業の商品売買活動のガイドラインである通達08/2013/TT－BCTを2013年4月22日付けで公布し(2013年6月7日から施行)，500㎡未満の店舗についてはENTの適用対象から外された[15)]。したがって，少なくとも一般的なコンビニエンスストアの場合，ENTの適用対象にならないことになったわけである。

3-3 ベトナム食品・日用品小売業界の構造

スーパーマーケットやコンビニエンスストア等のモダントレードによる消費割合が増加傾向にある中で，2011年4月時点で，業態別にみた主要小売企業の店舗展開状況を見ると（図表5-8），ベトナム国内資本系のCOOP MART，Citimart，Hapro Martなどがある一方で，グローバル小売企業のメトロが名を連ねている（2014年8月，メトロはベトナム市場から撤退することが報じられた[16]）。他方で，Big C，Giant，CP Fresh Martといった東南アジア地域を中心に活動する外資系小売企業の店舗展開もみられる。

このうちまず，ベトナム国内資本系から見ていこう。ベトナム小売市場の特

図表5-8 ベトナムにおける主要小売企業の店舗展開

業態	店舗ブランド	店舗数
スーパーマーケット	COOPMART（ベトナム-南）	50
	Citimart（ベトナム-南）	15
	Fivimart（ベトナム-北）	15
	Big C（フランス系）	25
	Metro Cash & Carry（ドイツ系）	19
	Intimex（ベトナム-北）	13
	MAXIMARK（ベトナム-南）	5
	LOTTE MART（韓国系）	2
	Giant（香港・イギリス系）	1
食料品店	CP Fresh Mart（タイ・華人系）	18
	COOPMART（ベトナム-南）	16
	Hapro Mart（ベトナム-北）	3
コンビニエンスストア	SHOP & GO（マレーシア系）	44
	Hapro Mart（ベトナム-北）	22
	Circle K（アメリカ系）	21
	Ministop（日系）	17
	Big C Express（フランス系）	10
	Citimart（ベトナム-南）	7

注：2011年4月時点の数値をベースに，一部2013年末の数値に修正。各社アニュアルレポート内ではBig C, Giantはハイパーマーケットに，Metro Cash & Carryはセルフサービス型卸売店に分類されている。
出所：ERIAプロジェクト資料，各社HP情報及びアニュアルレポートより作成。

徴の1つとして，南北に長い国土を有していることから，北部と南部で気候，ライフスタイル，地域特有の気質等が異なり，また物流基盤の整備が不十分であることから，ベトナム全土に渡って展開するナショナルチェーンが存在しないことがあげられる。そのため，現状では首都のハノイ市を中心とする北部，及びホーチミン市を中心とする南部に，リージョナルチェーンがそれぞれに展開している。

スーパーマーケットで最も多店舗展開しているのは，ホーチミン市を拠点とするCOOPMARTである。このチェーンはSAIGON CO.OPの傘下にあり，低中所得者層をターゲットとして幅広い顧客層に支持され，国産品を中心に品揃えをしている[17]。さらにSAIGON CO.OPは，シンガポールの大手小売チェーンFair Priceを展開するNTUC FairPrice Co-operative Limited社とのジョイントベンチャーによって，ベトナムにCo.opXtraとCo.opXtra Plusという店舗ブランドでハイパーマーケットを展開することを発表し，Co.opXtra Plusの1号店がホーチミン市にオープンした[18]。

また，Citimartはホーチミン市内を中心に展開する小中規模スーパーマーケットであり，輸入品の品揃えが豊富で，ベトナムの富裕層や外国人が主な顧客層となっている[19]。

これに対してハノイ市を拠点とする小売チェーンの代表格は，コンビニエンスストア等を展開するHapro Martである。このチェーンはハノイ市管轄下にあるハノイ貿易公社（Hanoi Trade Corporation）の傘下にあり，冷凍食品等でプライベートブランドを販売し，自宅で料理をしない若者の需要に対応しているという[20]。

こうした中で，日系小売企業のベトナム進出がどのような状態にあるかをみると，産業別では製造業に比して小売業による進出は，まだかなり遅れた状況にある[21]。その中にあって最も先行しているのが，イオングループといえる。同社は，2011年10月に現地法人AEON VIETNAM CO., LTD（以下，「イオンベトナム」と記す）を設立し，2014年1月に1号店となるショッピングセンターをホーチミン市にオープンした。また，ベトナム北部を拠点とするFivimart，ベトナム南部を拠点とするCitimartという国内スーパーのリージョナルチェーンと，プライベートブランド販売，現地での商品開発や物流網の整備に共同で取り組む提携が2014年内にも成立すると報じられている[22]。イオンはベトナムにおいて，イオンベトナムが運営するショッピングセンターや総合スーパーの出店を加速するという[23)]。さらに，同社傘下のコンビニエンスストアであるミニストップは，2011年２月，現地企業との合弁会社とフランチャイズ契約を締結し，同年12月，ホーチミン市に１号店を開店した[24)]。

イオンは2011年を起点とする３か年の中期経営計画の中で，グループ全体の共通戦略の１つとして，ASEAN地域や中国における飛躍的な成長を目指す「アジアシフト」を掲げている。2012年10月，イオンはASEAN地域での事業展開を推進する上で重要な拠点と位置づけているマレーシアにおいて，４位のシェアを持っていたカルフールの現地法人を買収し，売上高で約1,200億円となり，約1,000億円のテスコを抜いて２位に浮上した[25)]。今後，イオンはマレーシアにおいてマルチフォーマットで出店スピードを加速させ，2020年までに100店舗体制を構築することを目指しており，ASEAN地域の小売市場で，イオンと欧州系大手が顧客争奪戦を繰り広げているという[26)]。

3-4　東南アジアリージョナル小売企業への着目

前項では，ベトナム小売市場における，業態別にみた主要小売企業の店舗展開状況を示した。その中で，国内小売企業が展開する店舗でもなく，またグローバル小売企業が展開する店舗でもない，外資系小売企業グループが展開するBig C，Giant，CP Fresh Martの存在が確認できた。

ここで一度，これらの店舗を展開する外資系小売企業の活動の場を，ベトナム市場から東南アジア市場へと視点を広域にして見ると，ベトナムを含めた東南アジア地域の複数の国々へ国際展開していることがわかった（図表5-9）。そこで，冒頭で述べたように，こうした東南アジア地域を中心に国際展開する外資系小売企業を，東南アジアリージョナル小売企業と位置づけることにする。

この図表が示すように，主要な東南アジアリージョナル小売企業は，デイリーファーム（DairyFarm）グループ，CPグループ，百盛グループといった東南アジア系と，Casinoグループの欧州系に大別することができる。また，百盛グループは百貨店のみの展開であるのに対し，その他Dairy Farm，CP，Casinoの各グループは複数の小売業態を展開していることがわかる。

次節では，ベトナム食品・日用品小売市場に展開している東南アジアリー

図表5-9　主要な東南アジアリージョナル小売企業による東南アジア展開

企業グループ名	Dairy Farm	CP	百盛	Casino
資本グループ	香港-イギリス系	タイ-華人系	マレーシア-華人系	フランス小売系
シンガポール	Cold Storage(SM)			
	Giant(HM)			
	7-Eleven(CVS)			
マレーシア	Giant/Cold Storage(SM)	CP Fresh Mart	Parkson(DPT)	
	Giant(HM)			
インドネシア	Hero/Giant(SM)		Centro(DPT)	
	Giant(HM)			
タイ		7-Eleven(CVS)		Big C(HM,SM)
		CP Fresh Mart		Big C mini(CVS)
ベトナム	Giant(HM)	CP Fresh Mart	Parkson(DPT)	Big C(HM)
				Big C Express(CVS)
フィリピン	Rustan's/Wellcome(SM)			
ミャンマー			Parkson(DPT)	
ブルネイ	Giant(HM/SM)			
カンボジア	Lucky(SM)			

注：HM=Hypermarket, SM=Supermarket, CVS=Convenience Store, DPT=Department Store。CP Fresh Martは食料品を中心とする小型店舗。
出所：各社アニュアルレポート，各種資料をもとに筆者作成。

ジョナル小売企業の中でも，欧州系のCasinoグループ，東南アジア系のDairy FarmグループとCPグループを取り上げ，その事業展開について論じることとする。

4 東南アジアリージョナル小売企業のベトナム食品・日用品小売市場での展開

前節で東南アジア地域を中心に展開する外資系小売企業グループの存在を示し，それらを東南アジアリージョナル小売企業と位置づけた。本節ではベトナム市場で店舗展開している東南アジアリージョナル小売企業として，欧州系のCasino グループ，東南アジア系のDairy FarmグループとCPグループを取り上げ，それぞれの展開の特徴について検討する。

なお，既述したベトナムにおける外国資本に対する規制に関連するが，本節で取り上げる店舗ブランドBig Cを展開するCasinoグループ，Parksonを展開する百盛グループ，メトロなどは100％外資による展開が認められる前から，個別交渉によって独資での展開が認可されており，それが既得権益となっている。[27]

4-1　Casinoグループ

フランスの大手流通小売企業グループのCasinoグループ（図表5-10）は，タイ，ベトナムにおいて，ハイパーマーケット，スーパーマーケット，コンビニエンスストアを中心に，Big Cという店舗ブランドで展開している（図表5-9）。Casinoグループの2013年アニュアルレポートによれば，Big C タイ事業はタイ国内に559店舗（2011年221店舗，2012年348店舗），26,318人の従業員で31億ユーロを売り上げている。また，Big C ベトナム事業は，35店舗（2011年23店舗，2012年33店舗），8,629人の従業員で4億6,800万ユーロを売り上げている。店舗数も毎年増加しており，タイ，ベトナムの両国小売市場において成長している。2013年12月31日時点で，Casino が展開するフランス国外の店舗数は3,539店で，そのうちアジア地域の店舗数は725店となっている（図表5-11）。

Casinoグループ全体の2013年売上高は486億4,500万ユーロにのぼり，この内291億5,300万ユーロ（約60％）がフランス国外（ブラジル，コロンビア，ウルグアイ，アルゼンチン，タイ，ベトナム，インド洋地域）での売上高で，前年比23.9％増となっている。

Casinoグループのアジア進出はタイから始まった。アジア通貨危機最中の1999年，同グループはタイでBig Cを創業・展開していたBig C Supercenter Public Company Limited社の株式5億3,000万株を取得して筆頭株主となり，タイの小売市場に参入した。[28] 2013年2月28日現在においても，同グループは傘下のGreant International B.V.社を通じて，Big C Supercenter Public Company Limitedの32.1％の株式を保有する筆頭株主である。株式取得後，Casino グループは，それまでBig C Supercenter Public Company Limited社が展開していたアパレル事業の売却を決定し，小売事業への経営資源集中と効

図表5-10　フランスの主要食品流通企業

企業名	フランス国内売上高（億ユーロ）	国内シェア（%）
カルフール（Carrefour）	471	20.48
ルクレール（Leclerc）	324	14.09
アンテルマルシェ（Intermarché）	295	12.83
オーシャン（Auchan）	198	8.61
システム・ユー（System U）	178	7.74
カジノ（Casino）	177	7.70
コラ（Cora）	101	4.39

出所：JETRO「フランスの流通概観」2010年4月8日をもとに作成。

図表5-11　Casinoグループの国内外における店舗展開

店舗数	
フランス国内	10,517
フランス国外	3,539
(うち，アジア地域)	725
合計	14,056
フランス国内/全体	74.8%
フランス国外/全体	25.2%
アジア地域/フランス国外	20.5%

出所：2013年Casinoアニュアルレポートより作成。

率化を図った。また，2011年には42店舗のハイパーマーケットを展開していたカルフールのタイ事業を買収した。

次にCasinoグループのベトナム進出について見ていこう。Casinoグループはフランス領レユニオン島を拠点とするGroupe Bourbonの子会社で，ベトナムにおいて小売事業を展開していたVindémiaの株式取得を2001年12月から段階的に進めるかたちで，ベトナムの小売市場に参入した。その後Vindémiaを完全子会社化，店舗ブランドをタイですでに展開していたBig Cに統一し，Big Cベトナム事業を拡大している。ベトナムにおけるBig C店舗はローカルパートナーとのジョイントベンチャーによって運営されており，現地のサプライヤーとHuong vi Big CやWOW!といったベトナム独自のプライベートブランドを展開している。Huong vi Big Cはベトナム農業農村開発省が2008年1

月にリリースした，ベトナム版農業生産工程管理であるVietGAP（GAP: Good Agricultural Practices）に準拠し[29]，現地生産者の協力のもと，地域で採れた旬の新鮮な食品群の品揃えを進めている。

また，Big Cベトナム事業で，2013年末時点での35店舗のうち10店舗がコンビニエンスストアである（残り25店舗はハイパーマーケット）。同事業は都市部の生活者のライフスタイルに符合する，利便性の高いコンビニエンスストアの展開に力点を置き，営業時間の延長も進められている[30]。

ベトナムで，Casinoグループの役員を務めるYves Braibant氏は，Big Cのタイ事業であるBig C Supercenter Public Company Limited社のCEOを兼務している。また，2013年まで同社副社長であったRegis Prigent氏は2007年から2011年までBig Cベトナム事業のマーケティング・ディレクターの任に就いている。つまり，ベトナムでの店舗ブランドを同じ東南アジアのタイですでに展開していたBig Cに統合する一方で，ベトナム現地のサプライヤーと共同でベトナム独自のプライベートブランドを開発するといった現地に適応するリージョナル戦略の意思決定には，Casinoグループのタイ事業が本部として重要な機能を果たしているといえる。

また，Casinoグループは東南アジア地域以外にも，ブラジル，コロンビア，

図表5-12　Casinoグループの国際展開

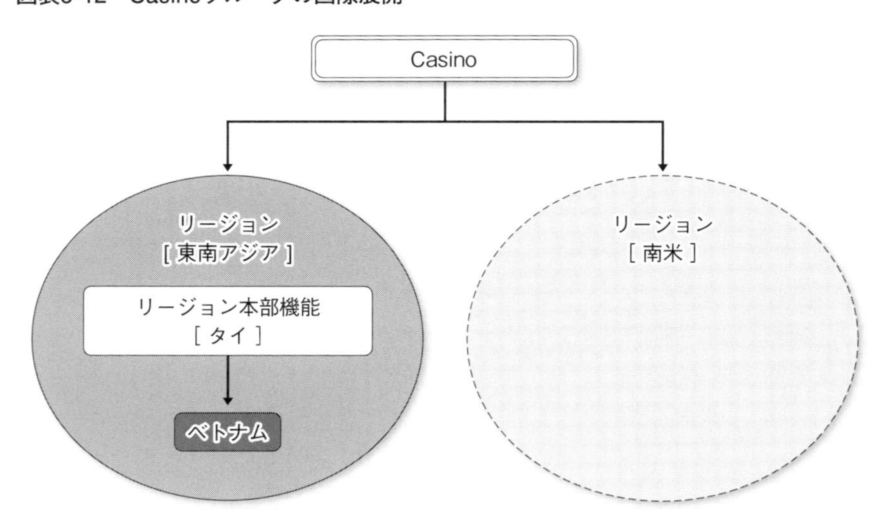

ウルグアイ，アルゼンチンといった南米地域にも集中的に国際展開している。つまり，Casinoグループは東南アジア地域を中心に国際展開する東南アジアリージョナル小売企業であると同時に，南米地域にも国際展開していることから，マルチリージョナル小売企業と考えることができるだろう。ただ，これには南米地域でどこが本部機能を担っているのか，または担っている国は無いのか，更なる検討が必要となる（図表5-12）。

4-2　デイリーファームグループ

Dairy Farm International Holdings Limited社はバミューダ諸島で法人化され，イギリスのJardine Mathesonグループの一員で，ロンドン証券取引所に上場している。Dairy Farmグループはアジア太平洋地域を中心にスーパーマーケット，ハイパーマーケット，コンビニエンスストア等を展開している。同グループの事業管理は，香港のDairy Farm Management Service Limited社の統括する各地域事業所を通じて行われている。1993年にはシンガポールのCold Storage，1999年にはマレーシアのGiant，2002年にはIKEAの香港と台湾の事業を買収するなど，株式取得を進めることによって東南アジア地域での展開を拡大していった。Dairy Farm International Holdings Limitedの2013年アニュアルレポートによれば，関連企業も含めたグループ全体の売上高は約124億ドルで，外食を含む5,889の店舗を展開している。

さきに図表5-9でみたように，東南アジア各国で店舗展開しているDairy Farmグループは，2011年，ベトナムにおいてもハイパーマーケットであるGiantをホーチミン市のCrescent Mallに出店した。ワンストップショッピングを実現する品揃えと，低価格での商品販売（Every Day Low Price）をコンセプトとしており，午前８時から午後10時まで営業している[31)]。また，2011年に５店舗だったヘルスケア及び美容製品を中心に販売する小売店のGuardian health and beauty storesは，2012年に11店舗，2013年に２店舗増加し18店舗となった。その一方で，ベトナムで３店舗展開されていたスーパーマーケットWellcomeは，2012年に店舗数がゼロとなった。

2008年から2013年までの，Dairy Farmグループのアジア地域における業態別小売店舗数の推移を見ると（図表5-13），どの業態での店舗展開に積極的か，

図表5-13　アジア地域におけるDairy Farmグループの業態別小売店舗数推移（2008-2013）

	業態	2008年	2009年	2010年	2011年	2012年	2013年
香港	HM	-	-	-	-	-	
	SM	264	276	282	287	302	308
	CVS	899	963	964	924	915	916
中国（本土）	HM	-	-	-	-	-	
	SM	-	-	-	-	-	
	CVS	506	560	551	546	587	647
インド	HM	-	-	-	-	-	
	SM	67	64	58	61	62	53
	CVS	-	-	-	-	-	
台湾	HM	-	-	-	-	-	
	SM	243	299	294	280	273	267
	CVS	-	-	-	-	-	
シンガポール	HM	7	7	7	7	8	8
	SM	91	95	105	111	115	116
	CVS	435	484	549	561	570	537
インドネシア	HM	26	35	38	39	46	51
	SM	108	113	120	131	142	158
	CVS	116	124	125	132	151	157
マレーシア	HM	44	51	67	71	75	78
	SM	65	69	75	73	73	72
	CVS	-	-	-	-	-	
フィリピン	HM	-	-	-	-	10	12
	SM	-	-	-	-	23	32
	CVS						
カンボジア	HM						
	SM	-	-	-	-	7	12
	CVS						
ブルネイ	HM	1	1	1	1	1	1
	SM	-	-	2	2	2	2
	CVS						
ベトナム	HM	-	-	-	1	1	1
	SM	3	3	3	2	-	-
	CVS	-	-	-	-	-	
	ASEAN内	896	982	1092	1131	1224	1237
	総店舗数	2875	3144	3241	3229	3363	3428

注：HM=Hypermarket, SM=Supermarket, CVS=Convenience Store。ハイライト部分は東南アジア地域。
出所：Dairy Farm International Holdings Limited社アニュアルレポートより作成。

あるいは消極的かが，各国や地域によって異なることがわかる。例えば，コンビニエンスストアについて，香港では2010年を頂点に減少傾向にあるのに対し，インドネシアでは2008年に116店であったのが，2013年には157店にまで増加している。また，マレーシアにおいては，2008年と2013年の店舗数を業態別に比較すると，スーパーマーケットは7店舗増であるが，ハイパーマーケットは34店舗増であり，ハイパーマーケットはスーパーマーケットの5倍近くのペースで出店していることがわかる。2012年にはハイパーマーケットの店舗数がスーパーマーケットの店舗数を上回った。

Dairy Farmグループは，香港のDairy Farm Management Service Limited社を拠点に，多くの進出先市場において複数業態を展開し，物流基盤，金融システム，情報技術システムを標準化し，規模経済を実現している。その一方で，前述したように，マクロ経済，民族構成，宗教，言語，政治体制等が異なる東南アジアの国々において，現地の市場環境下に適応した業態展開戦略を進めており，ベトナムでは低価格でワンストップショッピングを実現する品揃えを提供するGiantと，ヘルスケア及び美容製品を提供するGurdianを展開している。

Dairy Farmグループは，東南アジアのみならず，中国本土やインドといっ

図表5-14　Dairy Farmグループの国際展開

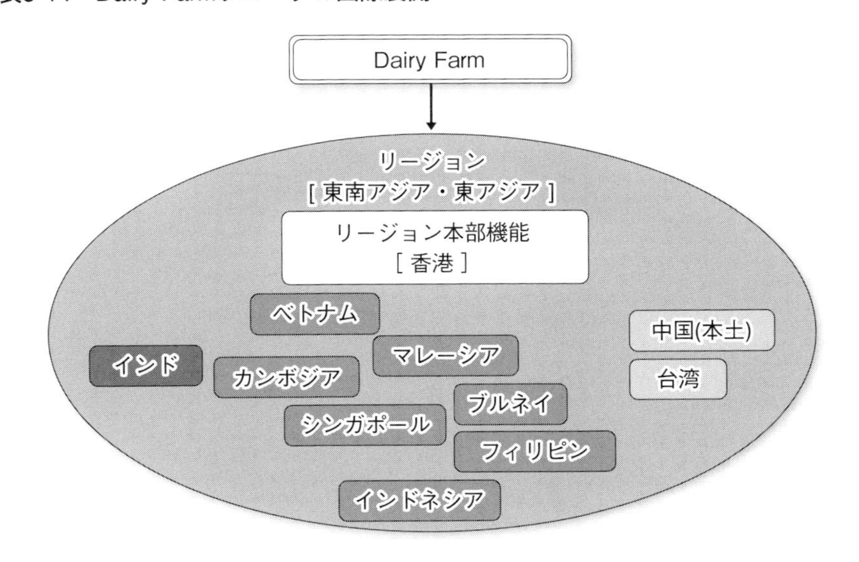

た他のアジア地域にも展開している。ただ，展開先の多くが東南アジアの国々に集中していることから，東南アジアを中心に地域展開する東南アジアリージョナル企業と位置づけることができるだろう。つまり，Dairy Farmグループは香港を本部機能として単一地域に国際展開する，シングルリージョナル小売企業と考えることができる（図表5-14）。

4-3 CPグループ

CPグループはタイを代表する，さまざまな事業を展開する複合企業である（図表5-15）。同グループは1921年にバンコクにて種販売店として創業し，その後，家畜用飼料製造販売，養鶏業，水産業など事業を多角化し，現在，小売業は中核事業の１つとなっている。1988年に同グループ傘下のCP All社（当時はCP Convenience Store社）が米国サウスランド社よりタイ国内のコンビニエンスストア事業のライセンスを取得して創業した。1990年にバンコクのパッポン通りに１号店を開店して以来，タイ国内にセブンイレブンを展開しており，1998年にはタイ証券取引所に上場（当時はCP Seven Eleven社）すると同時に，1,000店舗展開を達成した。

コンビニエンスストア事業以外の小売事業では，1994年にCPグループのハイパーマーケット部門であるLotusが展開された。Lotusは，ウォルマートを退職した経営幹部が設立した米系のコンサルティング会社の経営指導を受けて，米流の大型総合量販店を事業化する目的で設立された（矢作，2007）。しかし，アジア通貨危機の最中である1998年に，Lotusはテスコに買収され（買収時は13店舗），店舗名もTesco Lotusとなった。

その後，2006年にCPグループ傘下で畜産業や食品加工業を運営するCPF社が，CPブランドの食料品販売を開始し，これをさまざまなチャネルで提供するため，小売事業や外食事業を開始した。このうち，小売事業ではCP Fresh MartとCP Fresh Mart Plusの２つの店舗ブランドが展開されている。

CP Fresh Martは，購入後にすぐ食べることができる，新鮮，清潔，安全，良質な食料品を中心に取り揃え，「地域の冷蔵庫」としての機能を果たすことをコンセプトに掲げている。2009年時点で500店舗となり，総売場面積は2万7,000㎡（１店舗あたり平均54㎡）となった[32)]。CPF社の2012年のアニュアルレ

図表5-15　CPグループ組織図

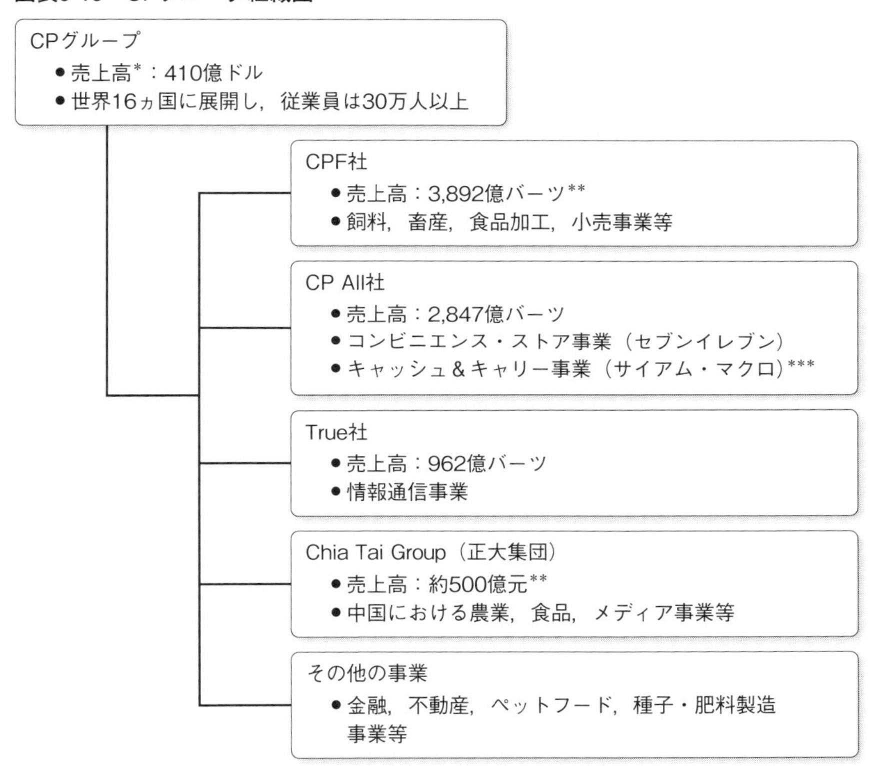

注：* 各社売上高は2013年の年間売上高。
　　** 1.00バーツ＝3.64日本円，1.00中国元＝18.96日本円（2015年2月25日時点）。
　　*** 2013年にCP All社が1,880億バーツでサイアム・マクロを買収。
出所：各社公表資料，HP，各種資料をもとに筆者作成。

ポートによると，同年末時点で全623店のCP Fresh Martを展開するまでに発展しているが，ここまではタイ国内での展開にとどまっていた。しかし，同社は翌年の2013年末時点にはタイ国内で625店舗展開するほか，東南アジア地域であるマレーシアに21店舗，ベトナムに18店舗，さらには東アジアの台湾に3店舗を国際展開していた[33)]。

CP Fresh Mart Plusはスーパーコンビニエンスストアというコンセプトのもと，食品・日用品を取り揃え，店内にイートインスペースを設置して，利便性あるライフスタイルを消費者に提供している。2013年末時点で，タイ国内に4店舗のCP Fresh Mart Plusが展開されている。

前述したように，CPF社はベトナムに食料品店のCP Fresh Martを展開しているが，これは同社のベトナム現地子会社であるCP Vietnam社（2013年末時点で，CPF社がCP Vietnam社の株式82.3%を保有）が運営主体となっている[34)]。CP Vietnam社の前身はベトナム現地で飼料生産，畜産・水産，食肉生産・加工といった事業を展開していたCP Vietnam Livestock社（1993年設立）である。同社は2011年に社名変更し，現在のCP Vietnam社（本社はベトナム南部のドンナイ省ビエンホア市）が誕生した。

こうした背景から，CP Vietnam社は「Feed」「Farm」「Food」の３つの部門を事業の柱とし，ベトナム現地で食肉や鶏卵を中心とした食料流通の川上から川下までを統合して展開している。３つの事業部門のうち，食料品小売店のCP Fresh Martは「Food」に分類される。

ベトナムにおけるCP Fresh Martでもタイ同様に，比較的小規模な店舗を構え，食肉，魚，卵を中心に，新鮮，清潔，安全，良質を掲げるCPブランド商品が品揃えされており，地域の冷蔵庫として機能することをコンセプトにしている。

以上のように，CPグループ傘下のCPF社は，ベトナムの現地子会社であるCP Vietnam社を通じてCP Fresh Martを展開し，小売事業のみならず，食品流通の川上から川下までベトナム現地に根差した事業活動を行っている。その一方で，店舗規模，CPブランド商品中心の品揃え，「地域の冷蔵庫」として機能するというコンセプトなどは，タイでの展開と共通する。また，CPF社副会長のPrasert Poongkumarn氏と，社長のAdirek Sripratak氏は，それぞれCP Vietnam社の役員を兼務しており，CPF社を本部機能として，ベトナム，マレーシアという東南アジア地域を中心に（台湾にも３店舗を展開）リージョナル展開している。

ただ，2013年のCPF社のアニュアルレポートで西アジアのトルコでも441店舗が展開されていることが示されているが，同社公表資料やウェブサイト等でこれに関する詳細情報を得ることができなかった。今後，西アジア地域での展開が進められ，さらにはトルコが当該地域の本部として機能を果たしていくのかという検討を含め，課題として残される点である。

また，CPグループは東南アジア地域のみならず，中国本土（CPグループ傘下のCP Lotus社が小売チェーンのLotusを展開し2013年末時点での店舗数は58店舗）にも展開している。ただ，これについてタイが本部機能を果たしてい

図表5-16　CPグループの国際展開

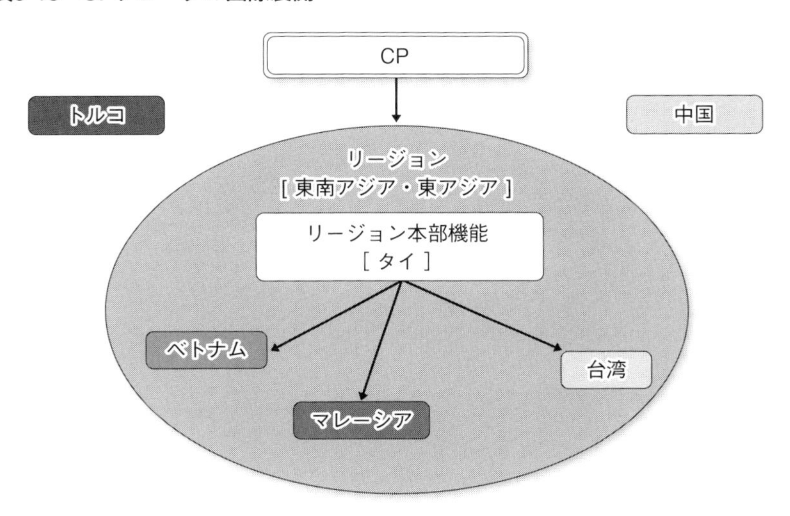

るかどうか，参照できる既存資料を得ることができなかった。これについても，今後の課題としたい。

よって，現時点ではCPグループはタイを本部として東南アジア地域（一部東アジアを含む）のみに展開するシングルリージョナル小売企業でもなければ，他の地域を含むマルチリージョナル小売企業と位置づけることも困難となった（図表5-16）。

5 むすび

本章では東南アジアの中でもベトナムの食品・日用品小売市場を取り上げ，まず小売業の国際化における地域化（リージョナリゼーション）と国際展開先地域の本部機能という議論から，小売業のリージョナル戦略についての仮説を検討した。次にベトナムの食品・日用品小売市場の現況を作り出した要因の1つとして，流通形態の近代化と外国資本政策の問題を中心に取り上げ，そのうえで，ベトナム食品・日用品小売業界の構造を整理した。ここで，世界規模で展開するグローバル小売企業や，現地の国内小売企業と並んで，ベトナムのみならず，東南アジア地域を中心に発展する外資系小売企業グループの存在が浮かび上がってきた。これらを「東南アジアリージョナル小売企業」と位置づけたうえで，Casinoグループ，Dairy Farmグループ，CPグループという３社のベトナム食品・日用品小売市場への国際展開事例を，リージョナル戦略という観点から検討した。

グローバル小売企業の国際展開を取り上げた研究は一定程度蓄積されている。例えば，白石・鳥羽（2003），矢作（2007），川端（2007），増田（2011b），丸谷（2012）などがあげられる。本章はこうしたグローバル企業とは別に，東南アジアリージョナル小売企業に着目するもので，既存研究の空隙を埋めるものと位置づけられる。

なお，事例として取り上げた３社について必要となった追加調査を今後の課題としたい。

[付記]

本研究には，文部科学省私立大学戦略的研究基盤形成支援事業（平成26年～平成30年）の成果の一部を含んでいる。

[注記]

1)「ロイターニュース」2013年５月４日。
2) 世界銀行HP（http://data.worldbank.org/about/country-classifications/country-and-lending-groupsOECD_members）。
3) 例えば川端（2005），生田目･須山（2011），増田（2011a），岡部（2011），森（2011）など。
4) 経済産業省「アジア消費トレンド研究会参考資料各国マクロ経済データ」。
5) イオン「ニュースリリース」2012年11月１日，『日本経済新聞』2013年７月12日。
6) ニールセン調査資料（2012）「Grocery Report 2012 Vietnam」。
7) ベトナムのMinistry of Industry and Tradeは「外資企業とはその株式を保有する株主に外国企業が含まれる企業のことで，たとえその株式保有率が１％に満たなくとも外資企業とする」としている。
8) ファミリーマート「ニュースリリース」2009年12月22日，日本貿易振興機構（2011）「ベトナムにおけるサービス産業基礎調査」。
9) ファミリーマート「ニュースリリース」2013年６月３日。
10) 財団法人流通経済研究所（2013）「2013年度中間流通研究会資料」（2013年８月）より。
11) 経済産業省「ニュースリリース」2012年12月25日，『日本経済新聞 電子版』2012年11月23日。
12) KCP Distribution Solution JSCのDao Xuan Khuong氏とのインタビュー，2013年２月

27日。

13) 注11参照。

14) 経済産業省「ニュースリリース」2012年12月25日。

15) 日本貿易振興機構（2013）「通商弘報」2013年5月20日。

16)『日本経済新聞』2014年8月9日。

17) 日本貿易振興機構（2011c）「ベトナムにおけるサービス産業基礎調査」。

18) NTUC FairPrice「Co-operative Press Release」2013年5月17日，VietnamPlus,Vietnam News Agency，2013年5月6日。

19) 注17参照。

20) 食品産業センター（2009）「ベトナム食品マーケット事情調査報告書」。

21) 例えば帝国データバンク「ベトナム進出企業の実態調査 2012年2月1日」では，2012年1月31日時点でベトナム進出が判明している日系企業1,542社を業種別で見ると，小売業は27社で構成比としては1.8%とある。

22)『日本経済新聞』2014年10月15日。

23) イオン「ニュースリリース」2012年3月2日。

24) ミニストップ「ニュースリリース」2011年12月8日。

25) 注5参照。

26) 同上。

27) 三菱UFJリサーチ&コンサルティング，経済産業省委託（2008）「小売業の国際展開に関する調査報告書：タイ・インドネシア・ベトナム・フィリピン編」。

28) http://www.bigc.co.th/ir/investor.htmlより（2013年7月3日に確認）。

29) 日本貿易振興機構ハノイセンター「ニュースリリース」2011年，Vol.10。

30) Casino Group「2012 アニュアルレポート」p.50。

31) http://www.giant.com.vn/（2013年8月14日に確認）

32) 日本貿易振興機構（2011a）「タイにおけるサービス産業基礎調査」。

33) CPF「2012アニュアルレポート」p.31，CPF「2013アニュアルレポート」p.41。

34) CPF「2012アニュアルレポート」 p.129。

[参考文献]

大石芳裕（1997）「国際マーケティング複合化の実態」『経営論集』（明治大学）第44巻第3・4合併号。

岡部光利（2011）「エリアリポート 世界のビジネス潮流を読む マレーシア 近代的店舗の流通活用」『ジェトロセンサー』2011年10月号，pp.70-71，日本貿易振興機構。

川端基夫（2005）『アジア市場のコンテキスト（東南アジア編）』新評論。

川端基夫（2007）「グローバルリテイラーと途上国市場のコンテキスト―タイ東北部における零細小売業との共生関係―」『龍谷大学経営学論集』第47巻第3号，pp.66-76。

川端基夫（2011）『アジア市場を拓く 小売国際化の100年と市場グローバル化』新評論。

コトラー，フィリップ・カルタジャヤ，ヘルマワン・デンファン，ホイ著，洞口治夫監訳（2007）

『ASEANマーケティング―成功企業の地域戦略とグローバル価値創造』マグロウヒル・エデュケーション。
佐原太一郎・渡辺達朗（2013）「ASEANにおける小売市場参入・展開に関する研究―ベトナム市場で展開する外資系小売企業の考察を中心に」『流通情報』第45巻第3号，pp.31-45。
佐原太一郎・渡辺達朗（2014）「インドネシアにおけるアジアリージョナル小売企業の展開―食品・日用品小売市場を中心に―」『流通情報』第45巻第5号，pp.53-65。
清水さゆり（2004）「多国籍企業の戦略論に関する考察―グローバル戦略からリージョナル・マネジメント戦略へ―」『商学研究科紀要』（早稲田大学）第59号，pp.59-69。
鐘 淑玲（2009）「華人・華僑系流通資本の中国市場戦略」矢作敏行・関根孝・鐘淑玲・畢滔滔『発展する中国の流通』白桃書房。
白石善章・鳥羽達郎（2003）「小売企業の総合型業態による海外戦略―ウォルマートの海外展開を通じて―」『流通科学大学論集 流通・経営編』第16巻第1号，pp.83-107。
（一般財団法人）食品産業センター（2009）『ベトナム食品マーケット事情調査報告書』。
鈴木安昭（1968）「小売業の『国際化』」『青山経営論集』第3巻第2号，pp.115-132。
生田目崇・須山憲之（2011）「日系大型流通チェーン企業のアジア進出―シンガポールへの進出事例を中心に―」『専修ビジネスレビュー』Vol.6, No.1, pp.13-30。
日本貿易振興機構（2011a）「タイにおけるサービス産業基礎調査」。
日本貿易振興機構（2011b）「アジア小売市場の今」。
日本貿易振興機構（2011c）「ベトナムにおけるサービス産業基礎調査」。
増田泰朗（2011a）「マレーシアの卸小売業外資規制の見直しにおける外資の関わり方」『アジア経営研究 / アジア経営学会 編』No.17，pp.129-136。
増田泰朗（2011b）「グローバルリテーラーの海外展開と財務戦略―テスコとカルフール―」『アジア経営研究 / アジア経営学会 編』No.18，pp.15-25。
丸谷雄一郎（2012）「ウォルマートの創造的な連続適応型新規業態開発志向現地化戦略」『流通研究』第15巻第2号，pp.43-61。
丸谷雄一郎（2014）「ウォルマートの南米市場における現地適応化戦略―アルゼンチン市場における非母国発新規開発業態移転戦略を中心として―」日本商業学会関東部会発表資料（2014年10月18日）。
三菱UFJリサーチ＆コンサルティング，経済産業省委託（2008）「小売業の国際展開に関する調査報告書：タイ・インドネシア・ベトナム・フィリピン編」。
向山雅夫（1996）『ピュア・グローバルへの着地』千倉書房。
向山雅夫（2009）「小売国際化の進展と新たな分析視角―業態ベースの小売国際化研究に向けて」向山雅夫・崔相鐵編著『小売企業の国際展開』中央経済社。
森隆行（2011）「欧州企業のタイ流通・小売市場参入とロジスティクスの発展に関する研究」『流通科学大学論集 流通・経営編』第24巻第1号，pp.69-91。
矢作敏行（2007）『小売国際化プロセス―理論とケースで考える』有斐閣。

Alexander, N.（1997）*International Retailing*, Blackwell.

Barney, J. B. (2002) *Gaining and Sustaining Competitive Advantage: Business Strategies*, 2nd ed., Prentice Hall.（岡田正大訳（2003）『企業戦略論〈中〉事業戦略論編　競争優位の構築と持続』ダイヤモンド社）.

Chandler, A. D. (1977) *The Visible Hand: The Managerial Revolution in American Business*. Harvard University Press（鳥羽欽一郎・小林袈裟治訳（1979）『経営者の時代〈上・下〉』東洋経済新報社）.

Coase, R. H. (1937) "The Nature of the Firm," *Economica*, Vol.4, pp.386-405.

Corstjens, M., and Lal, R. (2012) "Retail Doesn't Cross Borders: Here's Why and What to Do about It," *Harvard Business Review*, Vol.90, Issue 4, pp.104-111.

Dawson, J., and Mukoyama, M. (2014) *Global Strategies in Retailing: Asian and European Experiences*, Routledge.

Goldman, A. (2001) "The Transfer of Retail Formats into Developing Economies: The Example of China," *Journal of Retailing*, Vol.77, Issue 2, pp.221-242.

Kacker, M. (1988) "International Flow of Retailing Know-how: Bridging the Technology Gap in Distribution," *Journal of Retailing*, Vol.64, Issue 1, pp.41-67.

Keegan, W. J. (2002) *Global Marketing Management*, 7th ed., Prentice Hall.

Levit, T. (1983) "The Globalization of Markets," *Harvard Business Review*, Vol.61, No.3.

McGoldrick, P. (1995) "Introduction to International Retailing," in McGoldrick, P., and Davies, G. (eds.) (1995) *International Retailing: Trend and Strategies*, Pitman.

Mintzberg, M., Ahlstrand, B., and Lampel J. (1998) *Strategy Safari: A Guided Tour Through the Wilds of Strategic Management*, The Free Press（斎藤嘉則監訳（1999）『戦略サファリ』東洋経済新報社）.

Parahalad, C. K., and Hamel, G. (1990) "The Core Competence of the Corporation," *Harvard Business Review*, May-Jun., pp.79-91.

Porter, M. E. (1986) *Competition in Global Industries*, Harvard Business School Press.

Rugman, A. (2000) *The End of Globalization*. American Management Association.

Rugman, A., and Girod, S. (2003) "Retail Multinationals and Globalization: The Evidence is Regional," *European Management Journal*, Vol.21, No.1, pp.24-37.

Rugman, A., and Verbeke, A. (2004) "A Perspective on Regional and Global Strategies of Multinational Enterprises," *Journal of International Business Studies*, Vol.35, pp.3-18.

Sternquist, B. (1998) *International Retailing*, Fairchild.

Swoboda, B., Zentes, J., and Elsner, S. (2009) "Internationalisation of Retail Firms: State of the Art after 20 Years of Research," *Marketing:Journal of Research and Management*, Vol.5, No.2, pp.105-126.

Waldman, C. (1977) *Strategies of International Mass Retailers*, Praeger Publishers.

第6章 インドネシア食品・日用品小売市場への国際展開
―リージョナル戦略の観点から―

1 はじめに

第5章の冒頭でも示したように，2000年以降，ASEANを含む東南アジア各国の1人あたりGDPは上昇の一途をたどっている。東南アジアはこうした1人あたりGDP向上を背景に，生産拠点としてだけではなく，消費拠点として位置づけられるようになり，小売企業の東南アジア参入が相次ぐなど，その位置づけと重要性が高まってきている。

インドネシアは，第5章で対象にしたベトナム同様に，これから経済発展が本格化することが期待されている東南アジアの国の1つである。2013年10月7日には，日・インドネシア首脳会談が行われ，安倍首相からアジア太平洋地域の牽引力としてインドネシアの成長と反映は不可欠であり，貿易，投資，インフラ整備等で協力を推進することなどが伝えられ，日本からインドネシアへの更なる投資拡大等を通じて2国間の経済関係がより一層強化されることへの期待が表明されている[1)]。

インドネシア経済は1997年のアジア通貨危機で一時減退したものの，それ以降のGDPは継続的に成長している（図表6-1)。IMFによれば，1人あたりGDPは2017年に5,000ドルを越えると予測されている。また，世界銀行によると，1日1人あたり支出額でみたインドネシア人口に占める中間層の割合は，2003年に37.7%であったが，2010年には56.5%に拡大している（図表6-2)。こうした中間層の拡大に伴って消費の動向やライフスタイルに変化が生まれてきている。調査会社ニールセンの調査資料によれば，2010年における世帯の生活物資購入者のうち男性が占める割合は19%であったが，2011年には25%に上昇し，そのうちの3分の1は生活に必要だから買い物をするのではなく，楽しみとし

図表6-1　インドネシアのGDPと1人当たりGDPの推移

項目	単位	2002年	2003年	2004年	2005年	2006年
GDP（名目）	10億ドル	195.66	234.85	257.03	285.77	364.36
1人当たりGDP（名目）	ドル	922.10	1,091.22	1,177.51	1,290.77	1,622.60

項目	単位	2007年	2008年	2009年	2010年
GDP（名目）	10億ドル	432.18	510.84	538.80	709.54
1人当たりGDP（名目）	ドル	1,897.56	2,211.37	2,299.63	2,985.77

出所：IMF World Economic Outlook Database, October 2014をもとに作成。

図表6-2　インドネシア人口に占める中間支出層割合の推移（1日1人当たり支出額）

		2003年		2010年	
低支出層	<$1.25	21.9%	62.2%	14.0%	43.3%
	$1.25-2.00	40.3%		29.3%	
中間支出層	$2-4	32.1%	37.7%	38.5%	56.5%
	$4-6	3.9%		11.7%	
	$6-10	1.3%		5.0%	
	$10-20	0.3%		1.3%	
高支出層	>$20	0.1%	0.1%	0.2%	0.2%

出所：World Bank, Indonesia Economic Quarterly, March 2011, p. 39のデータをもとに作成。

て買い物をしているという[2)]。

また，国連の世界人口推計（World Population Prospects）によれば，インドネシアの人口は2010年時点で約２億3,987万人であり，国別で世界第４位の人口規模である。そのうち65歳以上の年齢層が占める割合は5.6％とわずかで，平均年齢27.8歳という若い国である。GDPの継続的成長を背景に中間層が拡大し，平均年齢が若く，世界第４位の人口規模を有することから，消費市場としての将来性が注目されている。

これから経済発展が期待されるインドネシアを消費拠点として捉え，その小売市場を対象とする研究にはまだ十分な蓄積がみられない。そこで本章では，インドネシアの食品・日用品小売市場を研究対象とする。前章でも言及したように，食品・日用品小売市場は伝統的に現地で受け継がれている食文化や生活習慣と結びついていることから，衣料品や家電製品といった他の商品カテゴリーと比較すると，現地の固有性が強く反映されていると考えられる。このような特徴を持つ食品・日用品小売市場で，インドネシアでは国内企業だけではなく外資系企業による国際展開もみられる。

小売業の国際化に関する議論をもとに，第５章でリージョナル戦略についての仮説を検討した（図表5-3）。本章でも同様の仮説に基づいて，東南アジア地域を中心に国際展開する「東南アジアリージョナル小売企業」のインドネシア食品・日用品小売市場での国際展開の特徴について検討する。

本章の構成は次の通りである。まずインドネシア市場を研究対象とする地域研究を検討する。続いて現在のインドネシア食品・日用品小売市場の現況をかたちづくった要因の中で，流通形態の近代化と外国資本規制の問題を中心に取り上げ，そのうえでインドネシア食品・日用品小売業界の構造を整理する。ここで，ベトナムと同様に，グローバル小売企業，インドネシア国内小売企業と並んで，「東南アジアリージョナル小売企業」の存在が浮かび上がってくる。そこで，最後に東南アジアリージョナル小売企業によるインドネシア食品・日用品小売市場への国際展開に考察を加える。

2 インドネシア市場に関する地域研究

東南アジアの中でもシンガポール，マレーシア，タイでは経済発展が先行し，欧米系，日系，韓国系等の外資系企業の参入も進んでいる。また，これらに関する調査研究も一定程度の蓄積がみられる[3)]。その一方で，インドネシアについてはこれから経済発展が本格化することが見込まれており，そのためインドネシア市場を対象とした研究蓄積はまだ十分ではない。ここではそれらの中で，消費拠点としてのインドネシア市場に関連の深い主要な先行研究を整理する。

日系加工食品メーカーのインドネシア市場参入戦略について論じた目黒（2013）は，「名目GDP2,000億ドル以上，１人あたり名目GDP4,000ドル以上」の国と地域を「先行アジア市場」，それに満たない国と地域を「後行アジア市場」と位置づける独自の基準を設け，インドネシア市場を当該基準を満たす「先行アジア市場」と捉えている。また，消費者のブランド忠誠心が非常に強く，消費者行動が固定化しているとの調査結果を示し，同質化市場への適応策としての市場参入戦略を検討している。

川端（2005）は展開先のローカルな市場が持つ固有のダイナミズムを「コンテキスト（脈絡）」と表現し，市場参入者が多様なコンテキストに耐えうるモデルを構築する際，そのコンテキストを探ることは不可欠であると論じている。この中で，外国資本規制と小売業界構造という視点からインドネシア市場のコンテキストが検討され，1996年に外資の直接投資が可能となったインドネシア小売業界ではあるが，長らくそれを規制してきた背景から，MatahariやRamayanaといった地場の小売企業が健在であることを指摘し，これら地場企業はハイパーマーケット業態への進出を加速しているという。

日系小売企業によるアジア市場開拓の歴史をたどった川端（2011）は，これまで日系企業が提携を通じて行ってきた技術指導がインドネシアで定着したことから人材が育っていると指摘している。

これらの研究から，インドネシア消費者の特徴としてブランドロイヤルティが強く，消費行動が固定化していること，外国資本を長らく規制してきたことから国内小売企業が健在であること，日系企業によるインドネシア人材の育成が結実していることが明らかにされた。

3 インドネシアの食品・日用品小売市場の特徴

3-1　トラディショナルトレードとモダントレード

インドネシア中央統計庁（Statistics Indonesia）の産業別GDP統計による卸売・小売部門GDPは，いわゆるリーマンショックに端を発する世界的な金融危機が生じた2008年から2009年にかけて成長がやや鈍化したものの，それ以外では２桁のパーセンテージで年間成長が続いている（図表6-3）。

このうち，インドネシアにおける小売業は，家族経営による小規模小売商店のトコ（Toko）が立ち並ぶ，政府公設の在来市場であるパサール（Pasar）など伝統的な流通形態（以下，トラディショナルトレードと呼ぶ）である食料雑貨店を保護する傾向もあり，それらが食品・日用品小売市場の中心を担ってきている。ただ近年においては，外資企業の参入もあり，スーパーマーケットや

図表6-3　インドネシア卸売・小売部門GDPの推移

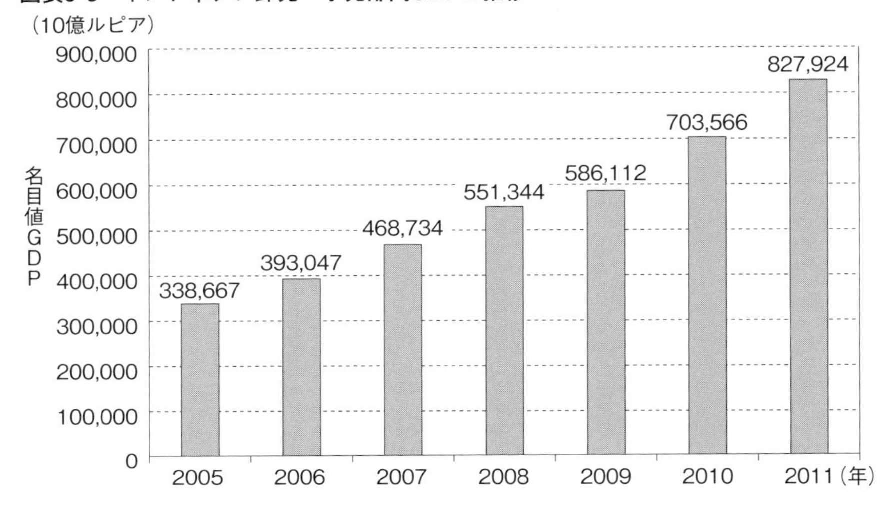

注：1.00インドネシアルピア=0.009日本円，1.00米ドル=121.43日本円，1.00ユーロ=149.21日本円（2014年12月5日時点）。
出所：インドネシア中央統計庁のデータをもとに作成。

ミニマーケットといった現代的な流通形態（以下，モダントレードと呼ぶ）での消費割合が増加傾向にある。インドネシア小売業協会（APRINDO）によると，タバコを除く55の商品カテゴリーのうちで，トラディショナルトレードによる消費割合は徐々に減少傾向にある一方で，モダントレードによる消費割合は上昇傾向にある（図表6-4）。

ただ，こうしたトラディショナルトレードとモダントレードによる全体的な消費割合の変化はあるものの，平均的な消費者はモダントレードによる消費に偏るわけではなく，何を購入するかによって両者を使い分けている。例えば，牛乳やスキンケア商品はモダントレードで購入し，醤油や粉コーヒーはトラディショナルトレードで購入する傾向があるといわれる[4)]。このように，2者が併存するという二重構造はインドネシア小売市場の1つの特徴と考えられる。

図表6-4　55の商品カテゴリー（タバコを除く）の小売業態別消費割合

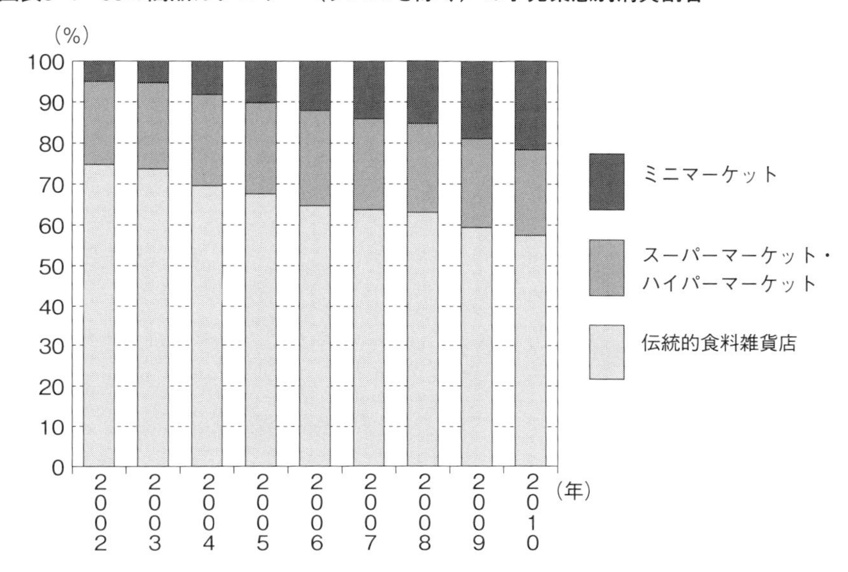

出所：インドネシア小売業協会，ニールセンの資料をもとに作成。

3-2 インドネシア小売市場参入における外国資本規制

前項で近年の外資企業による参入もあり，モダントレードによる消費割合が増加傾向にあることについて触れた。それに関連して，本項では外国資本規制について整理する。

世界規模で展開するグローバル小売企業や，東南アジアリージョナル小売企業がインドネシア小売市場に参入する際，インドネシア政府の外国資本に対する規制は参入障壁を構成する重要な要素となっている。

インドネシア政府は1967年に制定した外国投資法を1994年に改正し，これによって外国資本100％による企業設立が認められるようになったが，小売業についてはその対象から外されてきた。大規模小売業については1998年4月より外国資本100％による参入が認められているが[5)]，その一方で，国内資本100％に限定されている小売事業分野が存在する。2010年5月25日付大統領規定第36号におけるアペンディクス・リスト（Appendix List）で，禁止業種・規制業種が定められ，そのリストの小売事業について内資100％に限定される分野は以下の通りである。

・営業床面積が1,200 m²未満のスーパーマーケット

・営業床面積が2,000 m²未満の百貨店

・コンビニエンスストア

・ミニマーケット（床面積 400 m²未満）

つまり，当外資規制の対象とならないためには，スーパーマーケットの場合は1,200 m²以上，百貨店の場合は2,000 m²以上，ミニマーケットの場合は400 m²以上の営業床面積を有する必要がある。ただし，外国資本によってインドネシア証券取引所に上場している小売企業が買収された場合は，外資企業とはみなされず，国内企業として扱われることになる[6)]。なお，コンビニエンスストアについては，インドネシア標準産業分類であるIndonesian Standard Classification of Business Fields（KBLI）においても，その分類定義は確定されていない[7)]。

上述した業態に関する外国資本規制のほか，立地・設置条件に関しても規制が存在する。大統領令2007年第112号（伝統市場，ショッピングセンター，近代的店舗の整備及び開発に関する大統領規定）では，商業施設を大きく３種に分類し，道路規模に基づいて立地・設置条件，事業許可等が定められている。

例えば，近代的大型店は国道，州道など大規模な道路沿いのみに出店が可能であり，百貨店，スーパーマーケットの営業時間は，平日は午前10時から午後10時まで，土曜・日曜日は午後11時までと制限されている[8)]。ただ，道路の分類や定義が曖昧であり，最終的には各地域の担当者の裁量によって個別に判断される可能性が高く，実際の運用は不透明である[9)]。

こうした業態や立地・設置条件が絡み合う不透明な外国資本に対する規制に抵触せずに，近代的小売店をチェーン展開する企業がインドネシアへ進出する形態としては，まずフランチャイズ契約による進出が考えられる。例えば，日本の大手コンビニエンスストアチェーンのファミリーマートは，2012年10月16日にインドネシア１号店となる「ファミリーマートCibubur（チブブール）店」を開店した。進出にあたっては消費材製造大手でインドネシアを代表する財閥であるWingグループを事業パートナーとし，同グループの100％子会社PT. Fajar Mitra Indah社とエリアフランチャイズ契約を締結してコンビニエンスストア事業を進めている[10)]。

また，インドネシア証券取引所に上場する小売企業の株式を取得するかたちでインドネシア市場に参入したケースもある。既述のように，この場合は外資企業ではなく国内企業として扱われるため，外資規制の対象からはずれる。イギリスのJardine Mathesonグループの一員であるデイリーファーム(Dairy Farm International Holdings Limited)社は，1998年2月にスーパーマーケット「Hero」を展開していたPT Hero Supermarket Tbk社(1971年にインドネシアで創業し，1989年8月にインドネシア証券取引所に上場）の株式を32%取得してインドネシア市場へ参入した。なお，この当時，PT Hero Supermarket Tbk社は1997年に発生したアジア通貨危機に直面し，スハルト政権末期の大統領退陣を求める暴動で28の店舗が破壊・損傷を被るという状況にあった。[11)]

3-3　インドネシア食品・日用品小売業界の構造

インドネシアにおける食品・日用品小売業態は主に6種類に分類される（図表6-5)。モダントレードによる消費割合が拡大傾向にある中，主要小売企業の店舗展開状況を見ると（図表6-6)，インドネシア国内資本系ではHypermart，Ramayana，Foodmart，Indomaret，Alfamart等がある一方で，グローバル小売企業のカルフールも存在する。また，Giant，Heroなど東南アジアリージョナル小売企業のデイリーファーム（Dairy Farm）グループが展開する店舗

図表6-5　インドネシアの小売業態

業態	販売商品	販売商品数	店舗面積（㎡）
ハイパーマーケット	食品･非食品，衣料品，スポーツ用品，健康・美容品	25,000～50,000	5,000～12,000
スーパーマーケット	食品，生活雑貨類	15,000	500～3,000
ミニマーケット	食品，生活雑貨類	5,000	約500
コンビニエンスストア	惣菜など出来合い食品，インスタント食品，スナック類，パン類など	3,000	500以下
デパートメントストア	食品・非食品，衣料品，バッグ，靴など	25,000～50,000	5,000～12,000
伝統的食料雑貨店	食品，少数の雑貨	500	100～300

出所：ERIAプロジェクト資料より作成。

図表6-6　インドネシアにおける主要小売企業の店舗展開

ハイパーマーケット		
店舗ブランド	種別	店舗数
Carrefour	フランス系	84
Hypermart	内資系	80
Giant	香港・イギリス系	51
Lotte Mart	韓国系	20
スーパーマーケット		
店舗ブランド	種別	店舗数
Hero/Giant	香港・イギリス系	158
Ramayana	内資系	103
Super Indo	ベルギー系	103
Foodmart	内資系	29
ミニマーケット		
店舗ブランド	種別	店舗数
Indomaret	内資系	8,348
Alfamart	内資系	7,063

コンビニエンスストア		
店舗ブランド	種別	店舗数
Circle K	米国系	421
Starmart	香港・イギリス系	157
7-Eleven	米国系	137
Lawson	日系	83
Family Mart	日系	5
Mini Stop	日系	6
デパートメントストア		
店舗ブランド	種別	店舗数
Matahari	内資系	116

注：店舗数は2012年末時点の数値をベースに，一部2013年の数値に修正。
出所：各社HP情報及びアニュアルレポート，各種資料より作成。

も目立つ。

このうちまずインドネシア国内資本系から見ていこう。PT Matahari Putra Prima Tbk社はインドネシア東部地域を中心にハイパーマーケットのHypermartを80店舗，スーパーマーケットのFoodmartを29店舗展開している。Hyparmartでは割引やプロモーション情報が得られるメンバーズカードのHICardが導入され，200万人がその会員となっている。また，ジャカルタ及びスラバヤには3つの物流センターを設けられ，すべてのHypermart, Foodmart店舗への商品配送をサポートしている。[12)] さらに，同社はインドネシアにおける百貨店事業のパイオニアであり，同事業をPT Matahari Department Store Tbk社として2009年に分社化した経緯から，Matahari百貨店との連携も計画されている。[13)]

PT Ramayana Lestari Sentosa Tbk社が展開するスーパーマーケットのRamayanaは，トイレットペーパー，綿棒，パスタ類などのプライベートブランドを取り揃え，大衆向けの低価格商品を提供している。[14)]

PT Sumber Alfaria Trijaya Tbk社が展開するミニマーケットのAlfamartは，販売商品のうち約70％が食品，残りの約30％が非食品で，店舗が立地する周辺の中小サプライヤーとの協力関係を築き，共同でプライベートブランドを開発するなどの取り組みが行われ，4,000あるSKU（Stock Keeping Unit）のうち，500～600がそれら中小サプライヤーから供給されている[15)]。

また，グローバル小売企業のカルフールは84店舗を展開し，商品の低価格設定と品揃えの豊富さで，低中所得者層の支持を得ており，地場メーカーの加工食品類も多数販売している[16)]。ただ，1998年の外国資本規制の緩和を機にインドネシアに参入した同社だが，2012年に60％出資していたインドネシア現地法人の株式を，同法人に40％出資する現地パートナーのCT Corp社に売却し，CT Corp社をフランチャイジーとするフランチャイズ形態での店舗展開に転換した[17)]。これについて会長兼最高経営責任者のGeorges Plassat氏は，自国フランスでの事業再生等のための投資資金を確保するためであると述べている[18)]。

小売企業のグローバル展開の難しさを指摘するCorstjens and Lal（2012）は，グローバル小売企業が守るべき原則の１つとして「グローバル化の要は自国市場にある」ということを挙げており，カルフールの国際展開の問題は自国市場での地位が揺らいでいることにあると主張している。

続いて日系小売企業のインドネシア進出がどのような状況にあるかを見ると，コンビニエンス業態を中心とした展開がみられるが，産業別に見ても製造業に比べるとまだ遅れた状況にある[19)]。ローソンはPT Midi Utama Indonesia Tbk社に，ファミリーマートはPT. Fajar Mitra Indah社に店舗運営のライセンスを供与するかたちで展開している[20)]。なお，セブンイレブンは米国の子会社セブンイレブン社（7 Eleven, Inc.）が，サークルKは米国のサークルKストアーズ社（Circle K Stores Inc.）がライセンス供与元として展開しているものである。

日系の大型小売チェーンの動向としては，イオングループが2011年度から2013年度の３年間を対象としたイオングループ中期経営計画の中で「アジアシフト」を掲げており，2014年以降にモール型ショッピングセンター１号店の開店に向けて準備を進めている[21)]。なお，イオングループ傘下のミニストップはPT. Bahagia Niaga Lestari社とエリアフランチャイズ契約を締結し，2014年10月31日時点で６店舗を展開している[22)]。

2012年10月，イオンはASEAN地域での事業展開を推進する上で重要な拠点と位置づけているマレーシアにおいて，４位のシェアを持っていたカルフールの現地法人を買収し，売上高で約1,200億円となり，約1,000億円のテスコを抜いて２位に浮上した[23)]。今後，イオンはマレーシアにおいてマルチフォーマットで出店スピードを加速させ，2020年までに100店舗体制の構築を目指しており，ASEAN地域の小売市場で，イオンと欧州大手が顧客争奪戦を繰り広げることになる[24)]。

3-4　東南アジアリージョナル小売企業への着目

前項でインドネシアにおける主要小売企業の店舗展開を整理した。ここで，ベトナムで確認された東南アジアリージョナル小売企業の存在が浮かび上がってくる（図表5-9）。GiantやHero，Starmartを展開する香港・イギリス系のDairy Farmグループである。また，マレーシア-華人系の百盛は2011年にインドネシアの百貨店であるCentroを買収するかたちでインドネシア小売市場に参入し，Centroの店舗ブランドにて11店舗を展開している[25)]。Casinoグループ，CPグループによる同市場参入はまだみられない。

Dairy Farmグループのインドネシア展開については，次節で改めて述べよう。

なお，Super Indoはベルギーを拠点とするデレーズ社（Delhaize）がインドネシアで展開するスーパーマーケットであるが，同社の東南アジア展開は現時点でインドネシアのみであるため，東南アジアリージョナル小売企業と位置づけなかった。

4 デイリーファームグループのインドネシア食品・日用品小売市場における展開

前節で東南アジアリージョナル小売企業と位置づけられるDairy Farmグループの存在を示した。本節では同グループのインドネシアにおける店舗展開について考察する。

前述したように，インドネシア国内にスーパーマーケットを展開していたPT Hero Supermarket Tbk社の株式を取得するかたちでDairy Farmグループはインドネシア市場に参入した。そこで，まず同グループの資本関係を整理しておこう。2013年末時点で，同グループは複数の企業を介してPT Hero Supermarket Tbk社に出資していることがわかる（図表6-7）。

次にDairy Farmグループのインドネシア事業を見てみると，事業の軸となっているのはHeroとGiant（同グループは1999年にマレーシアのGiantを買収しており，その店舗ブランドをインドネシア市場においても使用している）の２つの店舗ブランドで展開するスーパーマーケットである。

ただ，近年ではハイパーマーケットのGiant Hypermarketと，Starmartの店舗展開についても積極的に行っていることが見てとれる（図表6-8）。また，これまで上位中間層をターゲットに高級感あるスーパーマーケットとしてHero Supermarketを展開してきたが，それらの店舗の一部を低価格スーパーマーケ

図表6-7　Dairy FarmグループとPT Hero Supermarket Tbk社の資本関係

Jardine Matheson Holdings Limited
55.51%
82.51%
Jardine Strategic Holdings Limited
77.63%
Dairy Farm International Holdings Limited
100%
Dairy Farm Management Limited
100%
Dairy Farm Company Limited
100%
17.19%
Mulgrave Holdings N.V.
PT Hero Pusaka Sejati
100%
2.68%
Mulgrave Corporation B.V.
63.58%
PT Hero Supermarket Tbk
Public (Less than 5%)
16.55%

出所：各社アニュアルレポートをもとに筆者作成。

図表6-8　インドネシアにおけるDairy Farmグループの店舗展開推移

店舗	業態	2010年	2011年	2012年	2013年
Giant	ハイパーマーケット	38	39	46	51
Giant/Hero	スーパーマーケット	120	131	142	158
Starmart	コンビニエンスストア	125	132	151	157

出所：アニュアルレポートをもとに筆者作成。

ットのGiant Supermarketへと転換を進めながら，他の競合店舗との差別化を進めている[26)]。

さらにインドネシア現地の資源を使ったプライベートブランドは，インスタント食品，調味料類，マーガリンなど，日々の生活に必要な商品を取り揃えている。2節の先行研究でインドネシアの消費者はブランドロイヤルティが強く，消費行動が固定化していると指摘されていた。そうだとすると，プライベートブランドが消費者に受け入れられれば，事業の持続的成長が期待できる。

このような店舗展開において，業績面を見てみると，売上高は順調に推移している。2009年に約6.7兆ルピアだった売上は，2013年には約11.9兆ルピアを越えた（図表6-9）。Dairy Farm International Holdings Limitedの2013年アニュアルレポートによれば，関連企業も含めたグループ全体の売上高は約124億ドルで，アジア地域を中心に5,889店舗を展開しており，東南アジアリージョナル小売企業を代表する存在といえるだろう。

Dairy Farmグループは，香港のDairy Farm Management Service Limited社を拠点に，多くの進出先市場において複数業態を展開し，物流基盤，金融システム，情報技術システムを標準化し，規模経済を実現している。その一方で，高級スーパーマーケットを低価格による商品提供型へと転換したり，またインドネシア現地資源を活用したプライベートブランドを開発するなど，インドネシアの消費市場に対応する動きもみられ，現地の市場環境に適応した店舗展開戦略を進めている。

図表6-9　PT Hero Supermarket Tbk社の売上高推移（単位：百万ルピア）

	2009年	2010年	2011年	2012年	2013年
売上高	6,683,674	7,649,989	8,952,052	10,510,422	11,900,354

注：1.00インドネシアルピア=0.009日本円，1.00米ドル=121.43日本円（2014年12月5日時点）。
出所：アニュアルレポートをもとに筆者作成。

Dairy Farmグループの国際展開を見てみると，東南アジアのみならず，中国本土やインドといった他のアジア地域にも展開していることがわかる。ただ，展開先の多くが東南アジアの国々に集中していることから，東南アジアを中心に地域展開する東南アジアリージョナル企業と位置づけることができるだろう。すなわち，ベトナムを対象として第5章で論じたようにDairy Farmグループは香港を本部機能として単一地域に国際展開する，シングルリージョナル小売企業と考えることができる（図表5-14）。

5 むすび

本章では東南アジア地域の中でもインドネシア食品・日用品小売市場について基本情報を踏まえたうえで，インドネシア市場にかかわる地域研究を整理した。次に流通形態の現代化と外国資本に対する規制の問題を中心に，インドネシア食品・日用品小売市場の現況を検討した。続いて食品・日用品小売業界の構造を整理し，そのうえで東南アジアリージョナル小売企業であるDairy Farmグループに着目し，そのインドネシア展開について，リージョナル戦略の観点から検討した。

小売業の国際化研究でも，東南アジアリージョナル小売企業のような，一定地域を中心に国際展開する小売企業に着目した研究はまだ蓄積が十分ではない。本章はそうした研究の空隙を埋めるものとなったと考えられる。一定地域に国際展開する小売企業がどのように展開先の消費市場にアプローチしているのか，さらに考察を深めることを今後の研究課題としたい。

[注記]

1) 外務省HP「日・インドネシア首脳会談（概要）」www.mofa.jp/mofaj/kaidan/page3_000465.html。

2) Nielsen "In a Shift, One in Four Indonesian Household Shoppers Now Men" http://www.nielsen.com/us/en/newswire/2011/in-a-shift-one-in-four-indonesian-household-shoppers-now-men.html。

3) 例えば，川端（2007），生田目・須山（2011），増田（2011a），森（2011）など。

4) 注2参照。
5) インドネシア投資調整庁HP（http://www.bkpm-jpn.com/Investment.html）。
6) 日本貿易振興機構（2011a）「インドネシアにおけるサービス産業基礎調査」。
7) インドネシア大統領規定2010年36号。
8) 経済産業省「小売業の国際展開に関する調査報告書（インドネシア編）」，日本貿易振興機構HP（http://www.jetro.go.jp/world/asia/idn/invest_02/）。
9) 経済産業省「小売業の国際展開に関する調査報告書（インドネシア編）」。
10) ファミリーマート「ニュースリリース」2012年10月12日。
11) *Businessweek*, 1999年4月26日，http://www.businessweek.com/1999/99_17/b3626011.htm。
12) PT Matahari Putra Prima Tbk社「2012年アニュアルレポート」。
13) PT Matahari Department Store Tbk社，PT Matahari Putra Prima Tbk社「2012年アニュアルレポート」。
14) Ramayana HP，http://www.ramayana.co.id/.
15) PT Sumber Alfaria Trijaya Tbk社「2012年アニュアルレポート」。
16) JTB西日本（2010）「インドネシアにおける進出可能性調査報告書」。
17) カルフール「2012年アニュアルレポート」，*Wall Street Journal*，2012年11月20日，http://online.wsj.com/news/article_email/SB10001424127887324352004578130350126744078-lMyQjAxMTAzMDIwMDEyNDAyWj。
18) カルフール「2012年アニュアルレポート」。
19) 例えば帝国データバンク「インドネシア進出企業の実態調査」では，2012年3月23日時点でインドネシア進出が判明している日系企業1,266社を業種別で見ると，小売業は20社で構成比としては1.6%とある。
20) ローソン「ニュースリリース」2011年6月21日，ファミリーマート「ニュースリリース」2012年10月12日。
21) イオングループHP，http://www.aeon.info/ir/policy/strategy.html。
22) ミニストップHP，http://www.ministop.co.jp/corporate/about/area.html。
23) イオン「ニュースリリース」2012年11月1日，『日本経済新聞』2013年7月12日。
24) 同上。
25) 百盛HP，http://www.parkson.com.sg/milestones/。
26) 食品産業センター（2012）「インドネシア食品産業進出可能性調査報告書」。

[参考文献]

大石芳裕（1997）「国際マーケティング複合化の実態」『経営論集』（明治大学）第44巻第3・4合併号，pp.157-198。
岡部光利（2011）「エリアリポート 世界のビジネス潮流を読む マレーシア 近代的店舗の流通活用」『ジェトロセンサー』2011年10月号，pp.70-71。
川端基夫（2005）『アジア市場のコンテキスト〈東南アジア編〉』新評論。

川端基夫（2007）「グローバルリテイラーと途上国市場のコンテキスト―タイ東北部における零細小売業との共生関係―」『龍谷大学経営学論集』第47巻第3号，pp.66-76。
川端基夫（2011）『アジア市場を拓く 小売国際化の100年と市場グローバル化』新評論。
コトラー，フィリップ・カルタジャヤ，ヘルマワン・デンファン，ホイ著，洞口治夫監訳（2007）『ASEANマーケティング―成功企業の地域戦略とグローバル価値創造』マグロウヒル・エデュケーション。
佐原太一郎・渡辺達朗（2013）「ASEANにおける小売市場参入・展開に関する研究―ベトナム市場で展開する外資系小売企業の考察を中心に―」『流通情報』第45巻第3号，pp.53-65。
佐原太一郎・渡辺達朗（2014）「インドネシアにおけるアジアリージョナル小売企業の展開―食品・日用品小売市場を中心に―」『流通情報』第45巻5号，pp.53-65。
JTB西日本（2010）「インドネシアにおける進出可能性調査報告書」。
清水さゆり（2004）「多国籍企業の戦略論に関する考察―グローバル戦略からリージョナル・マネジメント戦略へ―」『商学研究科紀要』（早稲田大学）第59号，pp.59-69。
鐘 淑玲（2009）「華人・華僑系流通資本の中国市場戦略」矢作敏行・関根孝・鐘淑玲・畢 滔滔『発展する中国の流通』白桃書房。
（一般社団法人）食品産業センター（2012）「インドネシア食品産業進出可能性調査報告書」。
白石善章・鳥羽達郎（2003）「小売企業の総合型業態による海外戦略―ウォルマートの海外展開を通じて―」『流通科学大学論集 流通・経営編』第16巻第1号，pp.83-107。
生田目崇・須山憲之（2011）「日系大型流通チェーン企業のアジア進出―シンガポールへの進出事例を中心に」『専修ビジネス・レビュー』Vol.6，No.1，pp.13-30。
日本貿易振興機構（2011a）「インドネシアにおけるサービス産業基礎調査」。
日本貿易振興機構（2011b）「アジア小売市場の今」。
増田泰朗（2011a）「マレーシアの卸小売業外資規制の見直しにおける外資の関わり方」『アジア経営研究 / アジア経営学会 編』No.17，pp.129-136。
増田泰朗（2011b）「グローバルリテーラーの海外展開と財務戦略：テスコとカルフール」『アジア経営研究 / アジア経営学会 編』No.18，pp.15-25。
三菱UFJリサーチ＆コンサルティング，経済産業省委託（2008）「小売業の国際展開に関する調査報告書：タイ・インドネシア・ベトナム・フィリピン編」。
向山雅夫（1996）『ピュア・グローバルへの着地』千倉書房。
向山雅夫（2009）「小売国際化の進展と新たな分析視角―業態ベースの小売国際化研究に向けて」向山雅夫・崔相鐵編著『小売企業の国際展開』中央経済社。
目黒良門（2013）「先行アジア市場への参入戦略―インドネシア食品市場を例に―」『流通情報』第45巻3号，pp.6-20。
森隆行（2011）「欧州企業のタイ流通・小売市場参入とロジスティクスの発展に関する研究」『流通科学大学論集 流通・経営編』第24巻第1号，pp.69-91。
矢作敏行（2007）『小売国際化プロセス―理論とケースで考える』有斐閣。

Alexander, N. (1997) *International Retailing*, Blackwell.

Barney, J.B. (2002) *Gaining and Sustaining Competitive Advantage: Business Strategies,* 2nd ed., Prentice Hall.（岡田正大訳（2003）『企業戦略論〈中〉事業戦略論編　競争優位の構築と持続』ダイヤモンド社）.

Corstjens, M., and Lal, R. (2012) "Retail Doesn't Cross Borders: Here's Why and What to Do About It," *Harvard Business Review*, Vol.90, Issue 4, pp.104-111.

Dawson, J., and Mukoyama, M. (2014) *Global Strategies in Retailing: Asian and European Experiences*, Routledge.

Goldman, A. (2001) "The Transfer of Retail Formats into Developing Economies: The Example of China.," *Journal of Retailing*," Vol.77, Issue 2, pp.221-242.

Kacker, M. (1988) "International Flow of Retailing Know-how: Bridging the Technology Gap in Distribution," *Journal of Retailing*, Vol.64, Issue 1, pp.41-67.

Keegan, W. J. (2002) *Global Marketing Management*, 7th ed., Prentice Hall.

Levit, T. (1983) "The Globalization of Markets," *Harvard Business Review,* Vol.61, No.3.

McGoldrick, P. (1995) "Introduction to International Retailing," in McGoldrick, P., and Davies, G. (eds.) (1995) *International Retailing: Trend and Strategies*, Pitman.

Rugman, A. (2000) *The End of Globalization.,* American Management Association.

Rugman, A., and Girod, S. (2003) "Retail Multinationals and Globalization: The Evidence is Regional," *European Management Journal*, Vol.21, No.1, pp.24-37.

Rugman, A., and Verbeke, A. (2004) "A Perspective on Regional and Global Strategies of Multinational Enterprises," *Journal of International Business Studies*, Vol.35, pp.3-18.

Willem, J. F. Alfa Tumbuan., 白武義治（2010）「地域住民のためのパサールの意義と展開条件―インドネシア，マナドー市の300年前に設立されたオールド・パサールを事例に―」『食農資源経済論集』第61巻第1号, pp.83-94。

第7章 外資系小売企業のアジア食品小売市場開拓 —デイリーファームインターナショナルを事例として—

1 はじめに

アジアでの食品小売市場に進出した外資系小売企業は少なくないものの，成功していると考えられる企業は多いとはいえない状況にある。特にアジアの複数カ国に展開して好調を維持している企業は限られてくる。外資系小売企業というとカルフールやテスコなど欧州のグローバル企業に注目が集まることが多いが，カルフールはすでに中国を除くアジアからほぼ撤退しているし，テスコも中国からは実質的に撤退を余儀なくされるなど，アジアでの展開は好調とはいえない。

そのような中で香港を拠点とする小売企業は，自国の市場が限られていることもあり，アジア広域に展開し成功を収めている企業が複数みられる。本章では，そのような企業の中でも食品小売企業を中心に展開するデイリーファームインターナショナルに注目し，グローバルな食品小売企業がアジアでの展開において成功するための示唆を得る。

2 アジアにおける外資系食品小売企業の展開

アジアにおいて展開する外資系食品小売企業の状況を取りまとめたものが，図表7-1である。欧米の小売企業の幾つかはすでにアジア市場から撤退しており，現在欧米系食品小売企業がアジア市場を席巻しているとはいえない状況である。

欧米系でアジア市場に現在も残っているのは，東南アジアではテスコ，カジ

図表7-1　主な外資系食品小売企業の展開状況

【参入年】(撤退年)

企業	本拠地	主力展開	東アジア			東南アジア展開国	
			中国	韓国	台湾	インドネシア	マレーシア
ウォルマート	アメリカ	ハイパーマーケット	【1996】	【1998】(2006) 現地企業に売却		【1997】(1998)	
カルフール	フランス	ハイパーマーケット	【1995】	【1996】(2006) 現地企業に売却	【1989】	【1998】(2012) 現地企業が運営	【1994】(2012) イオンに売却
テスコ	イギリス	ハイパーマーケット	【2004】 (2014)	【1999】	【2000】(2005) カルフールに売却		【2002】
メトロ	ドイツ	キャッシュ&キャリー	【1996】				
マクロ	オランダ	キャッシュ&キャリー	【1997】 (2008)	【1996】(1998) ウォルマートに売却		【1992】(2010) ロッテマートに売却	【1993】(2006) デイリーファームに売却
カジノ(ビッグC)	フランス	ハイパーマーケット			【1998】(2006)		
アホールド	オランダ	スーパーマーケット	【1996】 (1999)			【2002】(2003) デイリーファーム(Hero)に売却	【1998】(2003) デイリーファームに売却
デレーズ	ベルギー	スーパーマーケット				【1997】	
デイリーファーム	香港	ハイパー/スーパー/ドラッグ/コンビニエンスストア	【1992】	【2002】(2008)	【1987】	【1998】	【1999】

企業	本拠地	主力展開	東南アジア展開国				
			タイ	ベトナム	カンボジア	フィリピン	シンガポール
ウォルマート	アメリカ	ハイパーマーケット					
カルフール	フランス	ハイパーマーケット	【1996】(2010) カジノに売却				【1997】(2012)
テスコ	イギリス	ハイパーマーケット	【1998】				
メトロ	ドイツ	キャッシュ&キャリー		【2012】(2014)			
マクロ	オランダ	キャッシュ&キャリー	【1989】(2013) CPグループに売却			【1995】(2007) SMグループに売却	
カジノ(ビッグC)	フランス	ハイパーマーケット	【1999】	【2003】			
アホールド	オランダ	スーパーマーケット	【1997】(2004) セントラルグループに売却				【1996】(1999) デイリーファームに売却
デレーズ	ベルギー	スーパーマーケット	【1997】(2004) セントラルグループに売却				【1999】(2003) デイリーファームに売却
デイリーファーム	香港	ハイパー/スーパー/ドラッグ/コンビニエンスストア	【2005】(2007)	【2011】	【2012】	【2012】	【1993】

出所：各種情報より作成。

ノ，デレーズ，メトロといった企業となっている。その中で，特に堅実な展開を見せているのが，テスコとカジノであろう。ただし，テスコとカジノは主にタイ市場で大きなシェアを取っている企業であり東南アジア全般で展開しているわけではない。

一方，東アジアでは，中国でテスコが事業を現地小売大手の華潤万家に統合することとなり，中国に展開する外資系食品小売企業はカルフール，ウォルマート，メトロと限られた企業となっている。

アジア市場開拓の先駆けとなったアホールドやカルフールはアジア各国に展開をしていたが，本国の業績不振等の理由により2000年代に入り撤退を加速させ，すでに東南アジア市場からは撤退している。

このように見ていくと，参入が早いことや欧米のトップ小売企業であることが必ずしも生き残りの条件であるとはいえないことがわかる。また，現在好調の欧米企業の特徴をみると，高いシェアを確保している国に焦点を当てて事業展開を行っていることがわかる。

他方，欧米系食品小売企業以外で好調な動きを見せているのが，香港系食品小売企業のデイリーファームインターナショナルである。デイリーファームインターナショナルは欧米系小売企業とは異なり，アジアに幅広く展開していることが特徴である。香港系小売企業では，ドラッグストアやパーソナルケアストアを展開するワトソンズを擁するASワトソンもアジア一帯に展開する好調企業といえるが，ここでは食品小売企業に焦点をあてるため詳細は割愛する。

3 デイリーファームインターナショナルのアジア展開

3-1　企業概要

デイリーファームインターナショナルは香港を拠点とする企業であり，2013年度のジョイントベンチャー等を含む売上は，124億米ドル（約1.2兆円，1ドル100円換算）となっている（図表7-2）。香港・マカオ，中国，台湾のほか，東南アジアでは，マレーシア，シンガポール，ブルネイ，インドネシア，ベトナム，フィリピン，カンボジアで展開している。また，業態もハイパーマーケット業態，スーパーマーケット業態，ドラッグストア（パーソナルケアストア）業態，コンビニエンスストア業態，家具量販業態（IKEA），レストラン業態など複数の業態を展開しており地域に合わせた展開を行っている。食品小売に関連する業態（家具量販，レストランを除く）に絞って整理してみても，アジア各国で単一業態ではなく複数業態を展開していること，同じ業態でも国によってチェーン名を変えて展開していることがわかる（図表7-3）。

デイリーファームインターナショナルは，ジャーディン・マセソングループの構成企業であり，ジャーディン・マセソングループの上場企業の持株会社であるジャーディン・ストラテジックホールディングスが78%の株式を所有している上場企業である（図表7-4）。

ジャーディン・マセソングループは，アヘン戦争で名を馳せたジャーディン・マセソン商会を前身としており，香港がイギリス領となったころから香港で事業展開を行ってイギリスの植民地政策と密接なかかわりを持っていた企業である。

なお，ジャーディン・マセソングループは実質的にイギリスが出自であるケズィック家による同族経営であり，デイリーファームインターナショナルも現

図表7-2　デイリーファームインターナショナルの売上推移

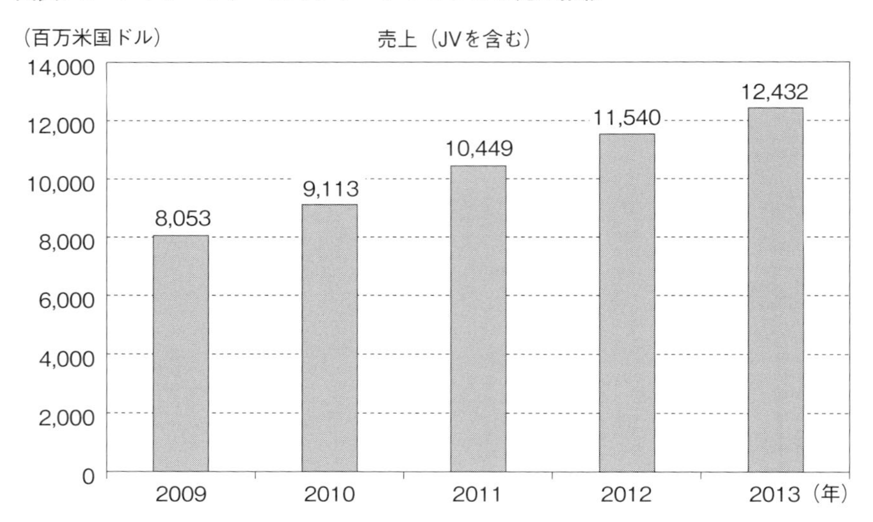

注：デイリーファームインターナショナルのアニュアルレポートより作成。

図表7-3　デイリーファームインターナショナルのアジア展開（食品小売企業）

国	業態	バナー	店舗数（2013年）
カンボジア	スーパーマーケット	Lucky Supermarket	12
	パーソナルケアストア	Guardian	1
インドネシア	スーパーマーケット	Hero	158
	ハイパーマーケット	Giant	51
	コンビニエンスストア	Starmart	157
	パーソナルケアストア	Guardian	316
マレーシア	スーパーマーケット	Cold Storage/Jason's/Mercato/Giant	72
	ハイパーマーケット	Giant	78
	パーソナルケアストア	Guardian	414
フィリピン	スーパーマーケット	Rustan's/Wellcome	32
	ハイパーマーケット	Shopwise	12
ベトナム	ハイパーマーケット	Giant	1
	パーソナルケアストア	Guardian	18
シンガポール	スーパーマーケット	Cold Storage/Jason's/Giant	116
	ハイパーマーケット	Giant	8
	コンビニエンスストア	Seven-Eleven	537
	パーソナルケアストア	Guardian	154
ブルネイ	スーパーマーケット	Giant	2
	ハイパーマーケット	Giant	1
中国	コンビニエンスストア	Seven-Eleven	647
	パーソナルケアストア	Mannings	175
台湾	スーパーマーケット	Wellcome	267
インド	スーパーマーケット	Foodworld	53
	パーソナルケアストア	Health and Glow	97

注：インドは撤退済み。
出所：デイリーファームインターナショナル「アニュアルレポート2013」より作成。

在ベン・ケズィックが取締役会議長を務める。このように，ジャーディン・マセソングループの一員であることなどから，グループのアジアネットワークの恩恵を受けることができるのもアジア展開においては大きな後ろ盾になったものと考えられる。

図表7-4　ジャーディン・マセソングループとデイリーファームインターナショナル

Jardine Matheson Holdings

56%　83%

100%　Jardine Pacific　非上場企業の持株会社

100%　Jardine Moters　自動車（中国・香港）

42%　Jardine Lloyd Thompson　金融

Jardine Strategic Holdings　上場企業の持株会社

50%　Hong Kong Land　不動産

78%　Dairy Farm International　小売

73%　Mandarin Oriental　ホテル

74%　Jardine Cycle and Carriage　自動車（東南アジア）

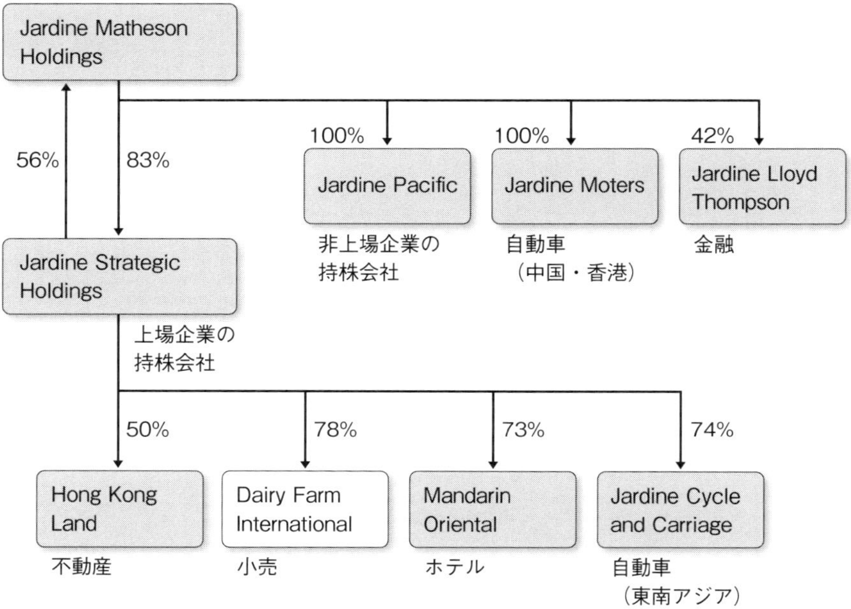

出所：ジャーディン・マセソンホームページより作成。

3-2　デイリーファームインターナショナルの沿革と海外展開

デイリーファームインターナショナル自体はもともとジャーディン・マセソングループではなく，牛乳の供給を目的としてイギリス人により設立された企業が前身となっている（図表7-5）。これが大きく転換したのが，1964年のWellcomeスーパーの買収と1972年のジャーディン・マセソングループの香港ランド社によるデイリーファームの買収である。Wellcomeスーパーの買収により小売事業への比重が高まったこと，香港ランド社の傘下に入ったことで買収の資金を得たことにより，海外での小売企業の展開を拡大する契機となったことがわかる。

当初，海外での小売企業の展開の重点はアジアよりも，欧州やオーストラリアに置かれた。オーストラリアのフランクリンチェーンの買収に始まり，英国のKwikSaveなどディスカウント業態を中心とする買収が行われた。その後，マレーシアやシンガポールなど旧英国領であったアジア諸国での食品小売企業

図表7-5　デイリーファームインターナショナルの沿革

年	沿革
1886	Sir Patrick Mansonにより，安全で清潔な牛乳を市民に提供することを目的に，The Dairy Farm Company Limitedが設立される。
1904	最初の小売店舗を開店。オーストラリアからの食肉等も販売。
1918	製氷企業であるHong Kong Ice Companyを買収し，The Dairy Farm, Ice & Cold Storage Company Limitedに名称変更。
1960	Dairy FarmとLane Crawfordはそれぞれの食品小売部門を統合し, Dairy Lane Limitedを設立。
1964	地元の食品スーパーWellcomeを買収。Dairy Lane LimitedのLANE CRAWFORD持分を買収。
1967-70	海外展開を本格化。ケータリング事業を中心にオーストラリア, グアム, インドネシア等で展開。
1972	香港ランド社により買収されるが，経営の独立性は確保。
1979	オーストラリアのフランクリンチェーンの "No Frills"店舗（75店舗）を買収。
1986	香港ランド社から分離し，香港市場に上場を果たす。
1987	英国で第6位の小売業KwikSaveを買収。台湾でスーパーマーケット事業を開始。
1989	香港の7-11事業をジャーディン・マセソンから取得。
1990	英国市場での上場を果たす。その後, シンガポールとオーストラリアでも上場し, 1995年香港市場での上場を廃止する。スペインのSimago Supermarket, ニュージーランドのWoolworthsを買収。
1992	7-11を中国・深圳に出店。
1993	シンガポールのCold Storageを買収。
1994	マレーシアでCold StorageとのJVを展開開始。
1995	日本で西友とウェルセーブスーパーを設立（1997年撤退)。インドのRPG Spencer（Foodworld)と技術援助提携。インドネシアのMitra（PT Hero）と技術援助提携。
1997	インドで，ビューティチェーンHealth and Glowの合弁を設立。インドネシアで，ビューティチェーンGuardianの技術援助提携。
1998	英国のKwikSave, スペインのSimagoを売却。インドネシアのPT Heroの32%を取得。
1999	マレーシアのGiantの90%の株式を取得。インドでFoodworldの49%の株式を取得。
2000	オーストラリアのフランクリンチェーンを売却。
2002	ニュージーランドのWoolworthsを売却。香港と台湾のIKEAをジャーディン・マセソンから取得。
2003	Aholdのマレーシア事業，シンガポール事業を買収。PT HeroがAholdからインドネシア事業を買収。
2004	製氷事業を売却し，小売事業に特化。
2005	PT Heroの持ち株を69%に拡大。タイにGuardianを開店。
2007	中国広東省のコンビニエンスストアを買収，7-11ブランドに転換。
2008	Giantハイパーマーケットがブルネイで開店。
2012	カンボジアのLuckySupermarketの70%を取得。フィリピンのRustan Supercentersの50%の株式を取得。
2013	Graham AllanがCEOに就任。カンボジアのプノンペンにGuardianを開店。
2014	FoodworldとHealth and Glowの持株すべてを合弁相手に売却しインド市場から撤退。中国のスーパー永輝超市の株式の19.9%を取得。フィリピンのドラッグストアチェーンRose Pharmacyの49%を取得。

出所：デイリーファームインターナショナルホームページより作成。

の買収が行われた。

1997年にRonald FlotoがCEOに就任し，海外事業の大きな転換が起こった。Ronald Flotoは，米国のKmartで上級副社長を務めた人物であった。Ronald Flotoは，デイリーファームインターナショナルの競争力の源泉はアジア太平洋地域にあるとし，欧州における小売企業の売却を行う一方，アジア地域での拡大を推し進めた。就任後Flotoは5つの投資領域を設けたという。①東南アジアでのハイパーマーケットの展開，②IKEAの拡大，③中国事業の強化，④既存市場における買収の強化，⑤新規のアジア市場への参入（可能な限り買収での参入）というものであった。

ここで興味深いのは，「買収」という文字である。自社での展開拡大よりも，買収による事業拡大に重点が置かれていることがわかる。実際に1998年以降のアジアでの展開は，提携パートナーの小売部門への資本参加，撤退欧米小売企業からの事業買収により進出国を拡大していることがわかる。カンボジアなど，近代的食品小売企業の発展がこれからと考えられる国においても現地企業への資本参加を貫いている。

3-3　デイリーファームインターナショナルの戦略とアジア展開

デイリーファームインターナショナルの近年の戦略をアニュアルレポートから確認し，アジア展開において鍵になると考えられるポイントについて見ていく。2008年～2012年のアニュアルレポートで示されているビジョンと戦略は以下の通りとなっている。

ビジョン：アジアにおける小売の開拓者（パイオニア）であること

戦略：①高品質で低コストの小売
　　　②アジアフォーカス
　　　③複数フォーマット（業態），サービスの共用
　　　④長期的な株主価値の創造

この戦略でのポイントはアジア各国に根差した業態・バナーの展開を行う一方，バックグラウンドになる仕組みやインフラは共通化することで，効率化を図っていくことが示されている点であろう。実際に，各国のスーパーマーケットの名称は買収先の名称を残すケースもあるため多様なものとなっているし，

国により展開する業態も異なっている。例えば，スーパーマーケットについて，香港や台湾ではWellcomeというバナーで展開しているのに対して，シンガポールやマレーシアではCold Storageというバナーで展開している。Wellcomeは，赤や黄色を基調とした中国的な色彩を前面に出す一方，Cold Storageは緑を基調としたバナーとなっているなど，現地のバナーにより訴求する色味やイメージも変えている。

なお，2013年のアニュアルレポートでは，CEOが交代したこともあり，これまでの戦略の変更が行われた。

戦略：①顧客ロイヤリティを獲得する魅力的な小売ブランドの構築
②各事業におけるマーケットリーダーとしてのポジションの確立
③信頼できる効率的なサプライチェーンを通じた一貫性のある高い品質のオペレーションの実行
④魅力的な業態の経済性を基礎とした，持続可能で強固な利益の成長
⑤小売りを愛する情熱的な人材を惹きつけ，育成する

ここでの変化として注目したいのは，マーケットリーダーとなることと小売ブランドの構築を明示したことである。各市場でリーダーとなるべく，買収等を積極化させる一方，中長期で見てもリーダーとなれない場合には撤退もあり得ることが示されているといえる。直近のことであるが，2014年7月にインドで資本参加しているスーパーマーケットFoodworldの49%とパーソナルケアストアであるHealth and Glowの50%の持株すべてを合弁相手に売却しインド市場から撤退することを発表した。一方で，2014年8月には中国のハイパーマーケット・スーパーマーケットチェーンである永輝超市の株式を56億9,000万元（約945億円）投じて20%取得した。永輝超市は，中国の食品小売業界の中でも成長著しい内資系企業として注目を集めていた企業であり，資本参加は大きな話題となった。

小売ブランドの構築に関しては，グローバルブランドの構築も課題となるだろう。同じ業態でも国によってバナーが異なるのは地元での浸透という面で優位に働いてきた面もあったが，今後は強固な小売ブランドの構築のためバナーの集約も徐々に行われていくものと考えられる。

4 デイリーファームインターナショナルのアジア展開からの示唆

デイリーファームインターナショナルの買収による参入パターンは，欧米系として生き残っている企業にも当てはまる。例えば，タイのテスコも地元資本CPグループのチェーンであったロータスに出資することからスタートしている。同様に，タイのカジノもBig Cに出資することで現在のポジションを獲得している。

他方，日系小売企業をみると，既存の小売企業を買収して参入したケースはほとんどない。買収そのものも，イオンが既存市場での事業強化のため，マレーシアのカルフールの事業を買収した程度であろう。多くは日本のバナーの展開を前提に，合弁や独資，フランチャイズでの進出を図っている。日系企業は買収という手法に慣れていないことや，自社の理念や日本流のサービス等の浸透が図れないのではないかという恐れから，買収や資本参加での海外展開に積極的であるとはいえないようである。

しかしながら，デイリーファームインターナショナルのアジア展開からは，現地にすでにある程度根差した企業への資本参加，買収が有効であることを示しており，今後の海外展開において考慮していくべき視点であろう。

また，デイリーファームインターナショナルのアジア展開は，海外展開の先駆けとなった欧州やオーストラリアでの買収も大きな役割を果たしていると考えられる。デイリーファームインターナショナルの欧州やオーストラリア，日本での展開は，小売企業としてのノウハウ，インフラ等が先進国では通用せずに撤退に至ったとする論調も少なくない[1)]。しかしながら，このような参入が無駄であったかというと，そうではなく，むしろその経験が役に立ったと捉えることができる。欧州とオーストラリアにおけるディスカウント業態のノウハウや人材を得ることができ，その後のPBの開発や業態開発に生かされている。例えば，No Frillsというプライベートブランドは，もともとオーストラリアのフランクリンチェーンのPBであったものが香港など他国で展開されている。

グローバルな展開を成功させるためには，撤退を決断する国などが出てきた場合においても，その経験や資産を次の展開にどのように活用していくかという視点を持っておくことが重要であるといえるだろう。

[付記]

本稿は「外資系小売業の東南アジア食品小売市場開拓―デイリーファームインターナショナルをケースとして―」『流通情報』510号，pp.35-40を基に加筆修正を行っている。

[注記]

1）例えば，Spulber（2007）など。

[参考文献]

神谷渉（2008）「香港系小売業のアジア展開」『流通情報』466号，pp.14-21。
川端基夫（2004）「アジアの消費市場と流通業を捉える視角」『流通情報』420号，pp.5-12。
Spulber D.F.（2007）*Global Competitive Strategy,* Cambridge University Press.

索　引

●あ行

●か行

●さ行

●た行

●な行

●は行

●ま行

●や行

●ら行

●わ行

●欧文

【執筆者一覧】

渡辺達朗（わたなべ・たつろう）（所員）……第2章，第3章，第5章，編者

専修大学商学部・大学院商学研究科教授，商学研究所所員，中国・首都経済貿易大学工商管理学院客員教授

李雪（り・せつ）（所員）……第1章，第4章

中央学院大学経営学部専任講師（2015年3月まで），専修大学商学研究所所員，公益財団法人流通経済研究所特任研究員（2015年4月より）

佐原太一郎（さはら・たいちろう）（準所員）……第5章，第6章

専修大学大学院博士後期課程（2015年3月まで），商学研究所準所員，いわき明星大学助教（2015年4月より）

神谷渉（かみや・わたる）……第7章

公益財団法人流通経済研究所主任研究員

■ 中国・東南アジアにおける流通・マーケティング革新
—内なるグローバリゼーションのもとでの市場と競争—

■ 発行日——2015年 3月31日　初版発行　〈検印省略〉

■ 編著者——渡辺達朗

■ 発行者——大矢栄一郎

■ 発行所——株式会社　白桃書房

〒101-0021　東京都千代田区外神田5-1-15
☎03-3836-4781　Ⓕ03-3836-9370　振替00100-4-20192
http://www.hakutou.co.jp/

■ 印刷・製本——藤原印刷

 ISBN 978-4-561-66213-6 C3363